D1687819

AS

BAHNROMANTIK

AUF DEN SPUREN DES GLACIER EXPRESS

Einleitung Paul Caminada

Herausgegeben von Peter Pfeiffer

AS Verlag

www.as-verlag.ch

© AS Verlag & Buchkonzept AG, Zürich 2005
Bildredaktion und Gestaltung: www.vonarxgrafik.ch,
Heinz von Arx, Urs Bolz, Zürich
Textredaktion und Lektorat: Karin Steinbach Tarnutzer, Zürich
Druckvorstufe: Matthias Weber, Zürich
Fotolithos: Ast & Jakob AG, Köniz
Druck: B & K Offsetdruck GmbH, Ottersweier
Einband: Josef Spinner Großbuchbinderei GmbH, Ottersweier
ISBN 3-909111-20-3

Inhalt

- 7   Paul Caminada · Glacier Express – ein Zug der Superlative
- 17   Aufstieg zum Gornergrat vor imposanter Kulisse
- 35   Vom Matterhorn ins Rhonetal
- 55   Talaufwärts entlang dem Rotten bis zur Quelle
- 77   Über Furka- und Oberalppass
- 125   Mit der Rhätischen Bahn durch Graubünden
- 160   Bildnachweis

Der Salonwagen A4ü 61 in schwerer Stahlbauart forderte die Lokomotiven auf den steilen Rampen zu stark und war deshalb nur selten auf der Glacier-Express-Route im Einsatz. Überliefert ist, dass er im Eröffnungszug Ende Juni 1930 mit dabei war und die Prominenz die Fahrt in diesem gediegenen Wagen genoss.

Paul Caminada
Glacier Express – ein Zug der Superlative

Die in diesem Buch vorgestellten historischen Fotografien auf den Spuren des Glacier Express sind ein Zeugnis des einstigen Pioniergeistes. Sie bezeugen, dass es eine anzustrebende Harmonie zwischen Landschaft, Mensch und Technik gibt, und machen diese augenfällig. Noch heute kann die Pionierzeit des Bahnbaus im Hochgebirge oft stärker faszinieren, als es die Darstellungen moderner, zeitgenössischer Bauten je vermögen.

Die Entdeckung der Schönheit des Gebirges

Die Schönheit der Berglandschaften, das Bedürfnis, einen Ausgleich zum immer hektischeren Leben in den Städten zu schaffen, und schliesslich das Aufkommen des Bergsteigens, der Einzug des Winter- und Wandersports, all das eröffnete für die Berggebiete, die früher allein auf die Landwirtschaft angewiesen waren, neue Existenzmöglichkeiten.

Wagemutige Walliser, Urner und Bündner Hotelpioniere entdeckten die Bedeutung des Tourismus: Alexander Seiler in Zermatt und Johannes Badrutt in St. Moritz, um nur die berühmtesten zu nennen. Aus dem Goms stammt auch der international bekannte Cäsar Ritz (1850–1918), der «Hotelier der Könige und der König der Hoteliers», wie er genannt wurde. Sein Name steht für Luxus und Stil, berühmte Ritz-Hotels gibt es in vielen Städten der Welt.

In Zermatt kann man von Alexander Seiler (1819–1891), ebenfalls ein Gomser, nicht anders als im Zusammenhang mit den Engländern und dem Alpinismus sprechen. Die Briten haben zuerst die Alpen als «Spielplatz» entdeckt – und das Matterhorn ist dessen überwältigendes Monument. Sogar Hans Conrad Escher von der Linth (1767–1823) liess sich von dieser Erscheinungsform beeindrucken und zeichnete die Bergspitze. Er schrieb 1806: «Noch nie sah ich in der ganzen Alpenkette eine solche schroffe und so hohe Felspyramide […].» Noch Tausende nach ihm haben diese Pyramide gemalt, in Kupfer- und Stahlplatten gestochen, in Holz geschnitzt oder fotografiert und gefilmt.

Nach zahlreichen Versuchen glückte den ehrgeizigen Briten Edward Whymper, Charles Hudson, Douglas Hadow und Lord Francis Douglas zusammen mit den Führern Michel Croz und den beiden Peter Taugwalder (Vater und Sohn) am 14. Juli 1865 die Erstbesteigung des Matterhorns. Die erfolgreiche Besteigung war eine Sensation. Doch man kennt das tragische Ende: Beim Abstieg glitt Hadow aus und riss Douglas, Hudson und Croz in den Tod. Der junge Whymper und die beiden Taugwalder kamen allein nach Zermatt zurück – sie hatten nur überlebt, weil das Seil zwischen ihnen und den Abstürzenden gerissen war. Die Erstbesteigung, aber auch das Unglück wurde weltweit in den Zeitungen verbreitet. Die Attraktivität von Matterhorn und Zermatt hat seither nie mehr nachgelassen.

In St. Moritz, dem Gegenstück von Zermatt, wirkte Johannes Badrutt (1819–1889), der allgemein als der Erfinder des Wintertourismus bezeichnet wird. Er baute das imposante Hotel Kulm sowie Schlittel-, Bob- und Skeletonbahnen. Auch das schottische Curling führte er in St. Moritz ein. Die Heilquelle, ein Eisensäuerling, wird seit der Bronzezeit benutzt. Der berühmte Arzt Paracelsus (1493–1541) weilte hier und verfasste 1535 erste medizinische Schriften über die Wirkungen von Trinkkuren. Die Oberengadiner Gegend mit Bernina, Corvatsch, Corviglia, Diavolezza, den glitzernden Seen sowie Lärchen- und Arvenwäldern verzaubert den Betrachter. Die so genannte «Landschaft des Lichts» trägt dazu bei, dass sich hier die Gäste aus aller Welt wohl fühlen. «Ich kenne unter allen Hochtälern der Schweiz kein schöneres als dies obere Engadin», notierte 1797 Heinrich Zschokke (1771–1848), der Leiter der Erziehungs- und Bildungsanstalt in Schloss Reichenau.

Auch das Oberengadin besitzt mit dem Piz Bernina (4050 m) einen Viertausender und als höchsten Gipfel der Ostalpen symbolträchtigen Berg. Seine Erstbesteigung erfolgte im Jahr 1850 durch den Engadiner Topografen und späteren Oberforstinspektor Johann Wilhelm Fortunat Coaz (1822–1918), zusammen mit seinen Gehilfen Jon und Lorenz Ragut Tscharner. Wie die Pioniere des Alpinismus, so waren auch die Hotelpioniere Menschen, die sich mit ihren Projekten in hohem Masse identifizierten und sich ihren Aufgaben vollkommen hingaben. Pioniergeist bedeutet auch heute noch die persönliche Bereitschaft, Risiken auf sich zu nehmen – und wer Risiken auf sich nimmt, der muss gelegentlich auch Misserfolge hinnehmen, ohne sich gleich entmutigen zu lassen.

So ist es nicht verwunderlich, dass Tourismuspioniere eine grosse Chance in einer Bahnverbindung zwischen zwei so bedeutenden Orten sahen, vor allem auch darum, weil die Schienen nahe an Gletschern, hohen Bergen und tiefen Schluchten, aber auch an malerischen Dörfern vorbeiführen. Ihr Pioniergeist hat sich erneut ausbezahlt. Eine Viertelmillion Reisende aus aller Welt lässt sich jährlich vom Schauspiel der faszinierenden Natur in den verschiedenen Jahreszeiten begeistern. Und so schliesst sich der Kreis: Die Bahn hat die Entwicklung vom kleinräumigen Bergsteigertourismus hin zum Fremdenverkehr in den Kantonen Wallis, Uri und Graubünden erst richtig ermöglicht, und ohne diesen Fremdenverkehr würde der Glacier Express gar nicht existieren.

Zwei Bahngesellschaften und eine Museumsbahn
Zwei Bahngesellschaften betreiben den Glacier Express: die Rhätische Bahn (RhB) und die Matterhorn Gotthard Bahn (MGB). Letztere – 2003 durch Fusion der Furka–Oberalp-Bahn und der Brig–Visp–Zermatt-Bahn entstanden – verkehrt von Zermatt über Brig, durch den Furka-Basistunnel und über den 2033 Meter hohen Oberalppass nach Disentis. Bei dieser Bahn besteht je nach Geländebeschaffenheit die Möglichkeit der Kombination von Adhäsions- und Zahnstangenbetrieb. Das Abt'sche Zahnstangensystem – nach dem Erfinder Ingenieur Roman Abt (1850–1933) benannt – wird bei stärkeren Trasseegefällen eingeschaltet. Die Rhätische Bahn führt von Disentis weiter nach

Chur durch die prähistorische Rheinschlucht und mit der Albulabahn weiter nach St. Moritz. Sie ist eine reine Adhäsionsbahn.

Am 25. Juni 1930 fuhr der Glacier Express zum ersten Mal durchgehend von Zermatt nach St. Moritz, in 10 Stunden und 50 Minuten. Lediglich in den Jahren 1943 bis 1947 war die Bahnverbindung kriegsbedingt unterbrochen. Seit 1982 fährt er von Oberwald nach Realp durch den mehr als 15 Kilometer langen Furka-Basistunnel und lässt Gletsch, den Rhonegletscher und den Furka-Scheiteltunnel links liegen. Trotzdem können weniger Eilige und Eisenbahnromantiker diese ursprüngliche Bergstrecke geniessen: Mit der Dampfbahn Furka-Bergstrecke AG (DFB) besteht während der Sommermonate die Möglichkeit, wie anno dazumal zwischen Gletsch und Realp durch den alten Furkatunnel zu fahren. Rauchend, dampfend und zischend stehen die originalen Dampflokomotiven mit Rollmaterial aus der Anfangszeit der Bahnunternehmung im Einsatz. Russgeschwärzte Männer schaufeln Kohle und hantieren an der nach Öl und Russ riechenden Lokomotive mit Zahnradantrieb. Die stampfende Maschine zieht die Wagen durch die mit Lawinenzügen übersäte Hochgebirgslandschaft, überquert einige Wildbäche und durchfährt bei Alt Senntumstafel drei kleinere Tunnels in Richtung Furka, auf 2160 Meter über Meer. Nach eingeplanten Fotohalten für die Passagiere ruft der Schaffner die Fahrgäste mit der Trillerpfeife in die Wagen zurück.

Von Höhepunkt zu Höhepunkt
Ein Blick auf die topografische Karte zeigt eindrücklich den Verlauf dieser kühnen Eisenbahnverbindung des Glacier Express. Das Walliser Rhonetal von Brig aufwärts bildet das Gegenstück zur Achse in Graubünden bis Chur. Genau wie der Rhein folgt die Rhone der Grenzlinie zwischen den Berggruppen im Norden und Süden, zwischen Alpennord- und Alpensüdhang. Etwa auf halber Länge dieser Achse liegt das Gotthardmassiv mit Oberalp und Furka. Nach allen vier Himmelsrichtungen streben die Flüsse auseinander: Rhein, Rhone, Reuss und Ticino – wahrlich ein gewaltiges Quellgebiet, das Wasserschloss Zentraleuropas. Die Flüsse teilen das Gebirge in die vier Blöcke der Walliser, Berner, Glarner und Bündner Alpen. Zwei Hauptflüsse behalten ihren Namen von der Quelle bis zur Mündung in die Meere: der Rhein auf 1320 Kilometern (davon 375 in der Schweiz) bis in die Nordsee und die Rhone auf 812 Kilometern (davon 264 in der Schweiz) bis ins Mittelmeer.

Die Fahrt zwischen Matterhorn und Berninagruppe, vorbei an Bergpanoramen und an den Flanken des Gotthardmassivs, dauert heute 7,5 Stunden. Der «langsamste Expresszug der Welt» fährt mit einer mittleren Geschwindigkeit von 40 Stundenkilometern. Die niedrige Geschwindigkeit ist technisch bedingt. Die über weite Strecken mit dem Zahnrad betriebene Hochgebirgsbahn schlängelt sich sprichwörtlich von Höhepunkt zu Höhepunkt: Von Zermatt nach Brig (44 km) beträgt die Höhendifferenz fast 1000 Meter. Von Brig über Oberwald nach Andermatt und zum Oberalppass

(78 km) überwindet der Glacier Express mehr als 1300 Höhenmeter und von dort über Reichenau bis Chur (78 km) nochmals 1400 Höhenmeter. Von der Hauptstadt Graubündens bis St. Moritz sind auf 90 Kilometer wiederum fast 1200 Höhenmeter zu überwinden. Ein gewaltiges Auf und Ab: vom Sprachgebiet der Walser über das des Surselvischen bis zu dem des Ladinischen, von der saftigen Wiese zum Wald, vom Wald zur Alp, von der Alp zum Geröll, vom Geröll zum Felsen und vom Felsen zum Firn – und umgekehrt.

Die Reise durchs Mattertal mit den tief eingeschnittenen Tobeln zwischen St. Niklaus und Stalden, durch das Goms mit den alten, von der Sonne fast schwarz verbrannten Holzhäusern, durch das steinreiche Urserental zum Oberalppass mit dem malerisch eingebetteten See, durch die Romanisch sprechende Surselva mit der Rheinschlucht ist sehr beeindruckend und bleibt unvergesslich.

Im Romanischen heisst die Rheinschlucht «Ruinaulta». Sie ist ein Naturdenkmal von nationaler Bedeutung, das nur zu Fuss oder vom Zug aus in seiner Grossartigkeit zu erleben ist. Die romanische Wortzusammensetzung («Ruina» bedeutet Geröllflanke, «aulta» heisst hoch) deutet auf die bis zu 300 Meter hohen Flanken und die vertikal abfallenden Felsen des vorherrschenden Sedimentgesteins.

Im Osten folgt die Bahnlinie von Chur nach St. Moritz dem Hinterrhein durchs burgenreiche Domleschg bis Thusis und weiter durch die wilde Schinschlucht, dann meist auf der rechten Seite des Flusses Albula bis zum Scheitelpunkt des fast 6 Kilometer langen Albulatunnels auf 1820 Meter über Meer, um anschliessend durch das hoch gelegene Val Bever erst Samedan und dann das Ziel St. Moritz zu erreichen.

Architektur an der Strecke
Der Zugreisende sieht nicht nur die Landschaft, sondern auch die Stationsbauten, Wärterhäuschen und Remisen, eine Architektur, die in ihrer raschen Abfolge verschiedener Stile noch heute unübersehbar ist. An der ganzen Route des Glacier Express ist der Holz- und auch der Steinbau vertreten, beide Varianten sind in den meisten Fällen mit Satteldächern versehen.

Augenfällig sind die Gomser Stationsgebäude, die nach den Baunormen der französischen Departementsbahnen erstellt wurden, da eine französische Firma die Bahnstrecke von Brig nach Gletsch baute und auch die Erstellung der Hochbauten als Generalunternehmer übernommen hatte. Nach der Beurteilung des Heimatschutzes passen sie «wie eine Faust aufs Auge» in die Landschaft.

In der Surselva und im Albulatal dominiert mit wenigen Ausnahmen die Holzbauweise. Sie hat sich bis in die Gegenwart als typische Blockbauweise, teilweise mit einer Wandschindelverkleidung versehen, erhalten. Finden wir in den eher schlichten Holzbauten eine einfache Zimmermannsarbeit, so zeigt sich im gemauerten Engadiner Stationshaus das ebenbürtige Gegenstück. Diese Bauten wurden mit verputzten Bruchsteinen aufgemauert und erhielten eine solide Schieferbedachung.

Mit Brücken und Tunnels quer und längs durch die Alpen

Der Bau dieser Strecken war damals ein schwieriges Unternehmen. Junge Ingenieure und Arbeiter, die vom Flachland kamen, wussten wenig von den Gefahren, denen man sich beim Bahnbau im hohen Gebirge aussetzte. Es gab unzählige Schwierigkeiten technischer und menschlicher Art und leider auch viele tödliche Unfälle. Äusserst anspruchsvolle Planung erfahrener Ingenieure war gefragt. Die Möglichkeit, mit dem Lineal geradlinig zwei Punkte auf dem kürzesten Weg zu verbinden, bestand hier nicht. Die Planer mussten die Verbindung dort suchen, wo das schwierige Gelände diese gewährte. Sie musste sich im grossen Bau der Geologie einfügen, und nur im Kleinen konnten die Hindernisse mit technischen Mitteln überlistet werden. Auf den insgesamt 290 Kilometern der Strecke wurden nicht weniger als 291 Brücken und Viadukte sowie 91 Galerien oder Tunnels gebaut.

Die Trasseebauten waren nicht von Anfang an Kunstwerke, die eine harmonische Einheit mit der Grossartigkeit der Natur bildeten. Die Waldrodungen, Lawinensperren, die grossen Erdbewegungen mit Dämmen, Einschnitten und Trasseeschleifen, die wuchtigen Stützmauern wie auch die Galerien waren ursprünglich grosse Eingriffe in eine unberührte Landschaft. Sie präsentierten sich noch Jahre nach der Vollendung als Fremdkörper. Da die Linienführung jedoch mit bewusstem Bezug zur Landschaft konzipiert worden war, sind die Wunden nach Jahrzehnten vernarbt. Die Natur hat sozusagen die Technik vollständig integriert. Diese umsichtige Trasseewahl fordert Respekt und Bewunderung gegenüber den mutigen und beharrlichen Planern jener Zeit. Anerkennung gebührt aber auch den heutigen Bahnbetreibern, die das Übernommene mit Spürsinn für Neues noch immer weiter entwickeln und neue Visionen für die Zukunft entwerfen.

Das genaue Studium der Übersichtspläne aus der Bauzeit zeigt uns noch heute die immensen Aufwendungen zum Schutz des Bahnkörpers, zum Beispiel bei der Lawinenverbauung auf Muot in der Gemeine Bergün mit Aufforstungen von fast 300 000 Arven, Lärchen, Fichten, Bergkiefern und Weisstannen. Dazu kommen mehr als 10 Kilometer Mauern, 12 000 Verpfählungen, Schneerechen und Dämme auf einer Höhe von 1550 bis 2300 Meter über Meer. Die verbaute und aufgeforstete Fläche misst 45 Hektaren. Wo eine Aufforstung nicht möglich war, führen angelegte Leitgraben die Lawinen gezielt über eine Galerie hinweg, so dass die Infrastruktur der Bahnlinie nicht zu Schaden kommt.

Auf der ganzen Linie des Glacier Express ist die Konstruktion von Eisenbrücken eher die Ausnahme. Die verantwortlichen Planer folgten damals dem Grundsatz, dass überall dort, wo dies möglich war, die Brücken oder Viadukte über grosse Taleinschnitte mit Natursteinen zu bauen seien, da sie alle Ansprüche hinsichtlich Verschleiss, Witterungsbeständigkeit und Dauerhaftigkeit bestens befriedigten. Das Baumaterial wurde meist in nahen Steinbrüchen aus den Felsen gebrochen. Die geübten Hände der Steinmetze gaben den Quadern die richtigen Formen und Flächen.

Der Patina, die den grellen Ton frisch gebrochener Steine milderte, war schliesslich die erfreuliche Wirkung der Bauwerke in der freien Natur zu verdanken. Es ist eine Strecke mit zahlreichen und über hundert Jahre alten Ingenieurkunstbauten in Naturstein.

Der Brückenbau feierte hier wahre Triumphe. Werke von der Eleganz und Kühnheit eines Solis- oder Landwasserviadukts erregen noch heute die Bewunderung von Fachleuten und Touristen. 1949 wurde der Landwasserviadukt aus Anlass des 100-Jahr-Jubiläums der eidgenössischen Post auf der 60-Rappen-Marke abgebildet.

Neben Bruchstein war auch Holz ein bedeutendes, wenn auch nur vorübergehendes Baumaterial. Die Brücken wurden auf Hilfskonstruktionen aus Holz gebaut, die ihnen die elegante Form der inneren Gewölbeleibung gaben. Sie mussten während der Bogenmauerung den statischen Druck aufnehmen. Nach Beendigung der Scheitelmauerung und der Erhärtung des Materials konnten die Gerüste abgesenkt und entsorgt werden. Die so genannten Lehrgerüste waren selbst gewaltige Bauwerke aus Holzbalken und oft schöne, elegante und kühne Bauten – echte Zeugnisse hoher Zimmermannskunst. Die Stämme wurden in nahen Wäldern zu Pfählen, Balken, Rundhölzern und Pfeilern geschnitten und mit Pferden zu den Baustellen geschleppt. Auf bewundernswerte Weise verstanden es die Zimmerleute, die verschiedenen Verbindungen zu entwickeln, die den besonderen Eigenschaften des Holzes angepasst waren.

Der bekannte, lange in Davos ansässig gewesene Kunsthistoriker Erwin Poeschel (1884–1965) schrieb zum Einfluss des Menschen auf die Landschaft: «Gewiss sind die Tobel und Schluchten, die hier überbrückt wurden, merkwürdig geschnittene Gebilde des wilden Bergwassers, aber es sind Bestandteile der Landschaft wie hundert andere; hervorgehoben werden sie erst durch diese Bauten der Ingenieurkunst. Erst die Überbrückung lässt uns der Tiefe des Absturzes bewusst werden, erst die Horizontalbewegung hilft der Vertikalen zu ihrer ganzen Gewalt, und erst durch das Bauwerk wird der zufällige Naturausschnitt zu einem Bild. Ähnliches begegnet uns bei jener Komposition aus Kehren und Spiraltunnels bei Bergün. Ein Talraum, an sich nicht sonderlich akzentuiert, bekommt durch die sinnfällig gewordene Darstellung schraubenförmiger Höhenbewegung erst seine Bedeutung.»

Die drei wichtigsten Tunnels an der Strecke des Glacier Express sind der Furka-Scheiteltunnel (1925 erstellt; 1,9 km lang, 2160 m ü. M.), der Furka-Basistunnel (1982; 15,4 km, 1550 m ü. M.) und der Albulatunnel (1903; 5,9 km, 1820 m ü. M.). Mit der Inbetriebnahme des Furka-Basistunnels begann für den Glacier Express eine neue Ära. Dank dem durchgehenden, sicheren Winterbetrieb erlangte er als Verbindung zwischen den attraktiven Skizentren Zermatt, Goms, Oberalp, Surselva und St. Moritz eine neue Bedeutung. Vor der Eröffnung dieses Tunnels blieb die Strecke Oberwald bis Realp während der langen Wintermonate gesperrt. Sie musste den 7 bis 10 Meter hohen Schneemassen überlassen werden.

Alle drei Tunneldurchstiche gestalteten sich wider Erwarten äusserst schwierig und brachten verschiedene unliebsame Überraschungen zutage, dies trotz der im Lauf der Jahrzehnte erfolgten Vervollkommnung der Bohrtechnik. Bei den Vortriebsarbeiten starben etliche Arbeiter, viele andere holten sich eine Staublunge. Die Strapazen der schweisstriefenden Mineure waren enorm. Die Männer stiessen auf Gestein, das so weich war, dass sie es kneten konnten. Gewaltige Wassermassen fluteten die Firststollen, die maschinelle Bohrung musste daher eingestellt werden, und der Vortrieb erfolgte in Handarbeit. Finanzielle Engpässe waren die Folgen. Die Bauzeiten konnten nicht eingehalten werden, Bauunternehmungen wurden ausgewechselt, die Mehrkosten wuchsen ins Unermessliche. Zusatzkredite mussten bewilligt werden, was turbulente politische Diskussionen nach sich zog. Allen Schwierigkeiten zum Trotz konnten die Bauwerke schliesslich doch noch zu Ende geführt werden.

Einige Namen der verantwortlichen Ingenieure verdienen es, erwähnt zu werden. An der Strecke zwischen Zermatt und Visp, von 1888 bis 1891 erbaut, waren Xaver Imfeld (1853–1909) aus Sarnen, Jean Meier (1840–1891) aus Freiburg und Ernst von Stockalper (1838–1919) aus Sitten für die Planung und Ausführung der Trasseearbeiten zuständig. Die beiden Letztgenannten waren bereits beim Bau der Gotthardbahn beteiligt. Französische Ingenieure arbeiteten zwischen 1911 und 1915 auf dem Abschnitt von Brig über Gletsch bis Disentis. Beim Furka-Scheiteltunnel hatte Oberingenieur Ferdinand Rothpletz (1872–1949) aus Aarau die Federführung. Die Rekonstruktion der gesamten Linie zwischen Gletsch und Disentis in den Jahren 1925/26 – durch Konkurs und die Folgen des Ersten Weltkriegs konnte sie nicht in Betrieb genommen werden und hatte grossen Schaden erlitten – leiteten Auguste Marguerat (1880–1952), Direktor der Visp–Zermatt-Bahn, und Erminio Bernasconi (1876–1964), Oberingenieur der Rhätischen Bahn. Wichtige Funktionen bei der Planung und Realisation des Furka-Basistunnels in den Jahren von 1973 bis 1982 hatten vor allem der Ingenieur Roger Bonvin (1907–1982), von 1962 bis 1973 Bundesrat, und der Tunnelbauspezialist Rudolf Amberg (1925–1995) aus Sargans, neben einem Heer von Spezialisten aller möglichen Arbeitsgattungen.

In der Surselva war für die Streckenplanung der Linie von Disentis nach Ilanz wiederum eine französische Firma zuständig. Die Bauausführung von 1910 bis 1912 durch drei Schweizer Baufirmen leitete Sektionsingenieur Dr. Hugo von Kager (1847–1921), der sich beim Bau des Simplontunnels als Oberingenieur verdient gemacht hatte. Peter Saluz (1847–1914) aus Lavin war von 1900 bis 1903 unter Oberingenieur Fritz Hennings (1838–1922) aus Kiel, der gleichzeitig auch Hauptverantwortlicher für die Bauarbeiten an der Albulabahn war, Sektionsingenieur an der Strecke von Ilanz nach Reichenau. Die anspruchsvolle Albulalinie, von schweizerischen und italienischen Firmen von 1898 bis 1903 erbaut, war in drei Sektionen eingeteilt: Thusis–Filisur, Bergün–Preda mit Albulatunnel und Spinas–St. Moritz. Als verantwortliche Sektionsingenieure zeichneten Gustav Zollinger (1845–1927) aus Oetwil am See und Robert Drossel (1849–1902) aus Südafrika. Oberingenieur Rudolf Weber (1854–1929) aus Menziken sorgte dafür, dass die schwierigen Arbeiten im Albulatunnel zum Abschluss gebracht werden konnten. Ingenieur Hans Studer (1875–1957) aus Aarau berechnete die Statik der Solisbrücke, und Richard Coray (1869–1964) aus Trin konstruierte die riesigen Lehrgerüste. Eines der schönsten Bauwerke, der Landwasserviadukt, wurde von der Baufirma der Ingenieure Müller & Zeerleder aus Zürich entworfen, geplant und gebaut.

Nicht vergessen darf man die Unternehmer, die mit ihren grossen Erfahrungen und eigenen Ingenieuren gewagte Baumethoden entwickelten. Tausende und Abertausende von Arbeitern – Maurer, Steinmetze, Mineure, Vorarbeiter, Aufseher, Bohrmaschinisten, Sprengmeister, Zimmerleute und Fuhrwerkshalter – arbeiteten entlang der Strecke des Glacier Express. Ohne die wackeren Arbeiter aus Italien, Frankreich und der Schweiz hätten die Ingenieure diese Eisenbahnlinie nicht errichten können.

Heimatschutz und wahnwitzige Projekte

Die 1905 gegründete «Schweizerische Vereinigung für Heimatschutz» – die Albulabahn war bereits gebaut – hatte zum Ziel, den sich durch Industrie und Technik rasend schnell entwickelnden Veränderungen in der Landschaft Einhalt zu gebieten. Die Verdienste dieser Institution sind unbestritten. Doch in der eigenen Zeitschrift «Heimatschutz» zum Thema Bergbahnen vertrat die Vereinigung noch 1912 die Auffassung: «Von allen Traktionsmitteln bringt die alte pustende Dampflokomotive das geringste Unheil. […] Bei der elektrischen Traktion wird dagegen der Bahnkörper von einer doppelten Reihe kahler Stangen, die einen für die Stromabgabe, die anderen für die Telephon- event. Telegraphenleitungen umrahmt. Mancherorts wird auf diese Weise das Hässliche in die edelsten Gebirgsszenerien hineingetragen.» Die Ästhetik hatte Vorrang, da die Luftverschmutzung und deren Folgen damals noch kein Thema waren.

In der Regel sparte der Heimatschutz nicht mit Lob und Tadel. Zwei Beispiele: «Da ich diese Zeilen in Zermatt niederschreibe, wird man es mir verzeihen, wenn ich meinem täglichen Bedauern darüber Ausdruck gebe, dass der Überbrückung des Findelbaches, als erste Baute, welche vom meistbegangenen Weg aus in unmittelbarer Nähe sichtbar ist, keine edlere Lösung unter Vermeidung des eisernen Bahnkörpers gegeben wurde. Sobald aber diese Kunstbauten in unmittelbarem Zusammenhang mit den gewaltigsten Gebirgsformen erscheinen, so erwecken auch sie in uns schmerzendes Unbehagen», schreibt Fritz Otto aus Basel in der Zeitschrift «Heimatschutz» vom September 1912. Als die Vereinigung für Heimatschutz gegründet wurde, war die Brücke bereits seit acht Jahren in Betrieb, und es zeigte sich, dass sich kaum jemand beim Anblick dieser Ausführungsart gestört fühlte.

Gelobt wurde hingegen der gemauerte Viadukt des Val Russein unterhalb von Disentis. Fritz Otto bemerkte dazu: «Diese Steinbrücke der Rät. Bahn ist ein Kunstwerk, das die Grossartigkeit der Natur nur unterstützt, nicht schädigt.»

Auch ohne Heimatschutz sind Projekte vereitelt worden. Als wahnwitzig muss man das Projekt bezeichnen, eine Bahn zum Gipfel des 4478 Meter hohen Matterhorns zu bauen. Um 1891 sollte Zermatt Ausgangspunkt für zwei Hochgebirgsbahnen werden. Die eine sollte zum Gornergrat und die andere zum Gipfel des Matterhorns führen. Das Matterhorn-Projekt sah eine Standseilbahn für die erste Etappe bis zum Schwarzsee und vom Schwarzsee bis zur Hörnlihütte (Whymperhütte) eine zweite Etappe vor. Die dritte und letzte Etappe wäre unsichtbar gewesen, da sie in einem Tunnel bis zum Firstkamm des Gipfels hinaufgeführt hätte. Es blieb bei einem Projekt – der Widerstand zahlreicher Kreise war zu gross, und die Zeitungskommentare waren voller Entrüstung: Lediglich «Seelenlose, Nur-Techniker, die das Verhältnis von Berg und Mensch noch nie in seiner ganzen Tiefe erfasst hätten» seien überhaupt fähig, solche Projekte zu erfinden.

Die Zahnradbahn auf den Gornergrat hingegen konnte trotz allen Schwierigkeiten 1898 eröffnet werden. Von diesem Bergkamm auf 3090 Meter über Meer bietet sich ein unbeschreiblicher Ausblick, ein grandioses Panorama, so weit das Auge reicht: die weltberühmte Pyramide des Matterhorns inmitten eines riesigen Kranzes von Viertausendern und gewaltigen Gletscherströmen. Was wäre Zermatt heute ohne die eindrucksvolle Gornergratbahn?

Das «Meyers Lexikon» aus dem Jahr 1924 vermerkt: «Die Albulabahn, höchste und schwierigste Gebirgsbahn Europas [...].» Aus Sicht von Experten und des Bundesrats sind die Albulabahn und die Berninalinie taugliche Objekte für eine Kandidatur als Unesco-Weltkulturerbe. Frühestens im Jahr 2008 könnte die «Kulturlandschaft Albula–Bernina-Bahn» zum Welterbe werden. Also doch: die Bahn als Teil unserer Heimat?

Aufstieg zum Gornergrat vor imposanter Kulisse

Gornergratbahn

Obwohl die Gornergratbahn nicht zur eigentlichen Route des Glacier Express gehört, soll die Reise durch die Schweizer Alpen mit dieser berühmten Bergbahn beginnen. Dafür gibt es zwei Gründe: Erstens gehört ein Ausflug mit dieser eindrücklich angelegten Bergbahn zu jeder Reise mit dem Glacier Express, sozusagen als Vor- oder Nachspeise. Zweitens können (und sie haben das auch schon unter Beweis gestellt) Nostalgiewagen des Glacier Express dank einem Verbindungsgleis und gleichen Normalien bei der Spurweite, dem Zahnrad und der Kupplung bis zum Gornergrat vorstossen, so dass es im Prinzip möglich ist, ohne umzusteigen von Tirano über den Berninapass und St. Moritz bis zum Gornergrat zu gelangen! Nicht zu vergessen ist der rege Güterverkehr auf dieser Hochgebirgsbahn, müssen doch alle Baustoffe, alle Anlieferungen in die Hotels, die Brennstoffe und Ähnliches über die Schiene herantransportiert werden. Sie werden meist schon in Brig oder Visp auf die Bahn verladen, so dass in Zermatt ein reger Güterwagendurchlauf besteht.

Die Gornergratbahn ist eine reine Zahnradbahn, das heisst, dass sich die Triebfahrzeuge auch in der Ebene nur mittels Zahnradantrieb fortbewegen – im Gegensatz zu den nachfolgend beschriebenen Strecken der Matterhorn Gotthard Bahn (MGB), auf denen nur Steilpassagen mit Zahnradantrieb überwunden werden, während auf den eher flachen Strecken mit dem üblichen Adhäsionsantrieb gefahren wird. Eine weitere Besonderheit ist das angewandte Drehstromsystem. Äusserlich erkennbar ist dies an den zwei parallel aufgehängten Fahrleitungsdrähten und den doppelten Stromabnehmern auf den Triebfahrzeugen. Diese Stromtechnik hat den Vorteil, dass mit den um 1900 bekannten technischen Mitteln bereits eine Stromrückgewinnung bei talwärts fahrenden Zügen möglich war, die jedoch für Hauptbahnen mit hohen Geschwindigkeiten und komplizierter Fahrleitung wenig geeignet ist und deshalb heute nur noch selten anzutreffen ist.

Die Züge beginnen ihre Fahrt unmittelbar neben dem Bahnhof der Matterhorn Gotthard Bahn und queren den Talbach Mattervispa mitten im Dorf, um nachher am rechten Talhang kontinuierlich mit 200 Promille anzusteigen. Bald wird die tiefe Rinne des Findelbachs mit einer Stahlbrücke überquert. Je höher die Bahn steigt, umso imposanter wird das Panorama, das vom gegenüberliegenden Matterhorn dominiert wird. Nach einer Schleife im Landtunnel führt das Gleis nun in Gegenrichtung zur Haltestelle Riffelalp auf 2211 Meter über Meer. Hier an der Waldgrenze wartet das urige Trambähnchen, das seine Gäste ins etwas abseits gelegene gleichnamige Hotel bringt.

Nach einer weiteren Schleife durchfährt die Bahn die eigentliche «Poster-Stelle»: Hier wurden in all den Jahren unzählige Fotos des Zuges mit dem Matterhorn dahinter für Plakate und Zeitschriften geschossen, die in aller Welt für diese eindrückliche Gegend werben. Bei Riffelberg auf fast 2600 Metern wird definitiv in die hochalpine Zone eingefahren: Kein Baum und keine Alpwiesen mehr, nur noch Geröll und Steine, durchsetzt mit Schneeresten, säumen das Gleis auf den letzten Metern hinauf auf über 3000 Meter. Dafür ist jetzt der Kranz von 29 Viertausendern, allen voran das Monte-Rosa-Massiv mit der Dufourspitze, mit 4634 Metern der höchste Punkt der Schweiz, im Blickfeld. Gleich unterhalb des Grats endet die Bahn vor einem massiv gebauten Aufnahmegebäude, denn hier oben herrscht nicht jeden Tag eitel Sonnenschein! Doch den Touristen, die Tag für Tag bei schönem Wetter hier hinauffahren, kommt dieser Gedanke kaum. Eigentlich kaum vorstellbar, dass es hier oben stürmen und schneien kann, dass der Nebel so dicht liegen kann, dass man kaum einen Meter weit sieht. Sie geniessen bei Bilderbuchwetter das Panorama von der Hotelterrasse aus, verwöhnen ihre Gaumen und fahren ein paar Stunden später tief beeindruckt nach Zermatt zurück.

Zermatt um 1898: Ein Bauzug mit der Dampflokomotive H 2/3 und offenen Zweiachswagen quert am Dorfrand den Talfluss Mattervispa. Beachtenswert sind die sehr schön gebauten beidseitigen Dämme aus gehauenen Steinen. Noch bestimmen nur wenige Hotelpaläste das Dorfbild, während die Landwirtschaft noch stark verbreitet ist.

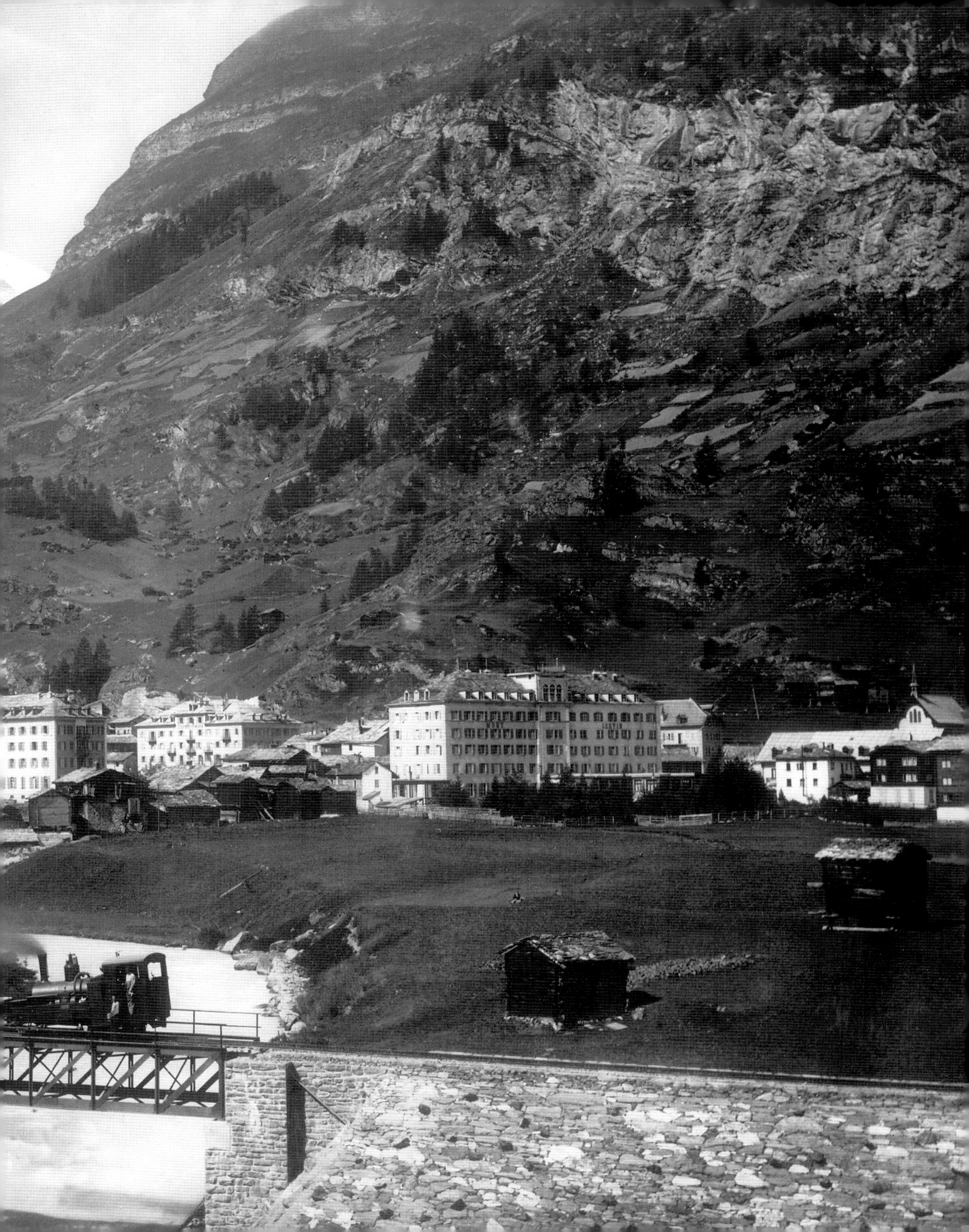
MONT
CERVIN

Nur die gut betuchte Gesellschaft kann sich anfänglich einen Ausflug mit der Gornergratbahn leisten. Dominierend im Hintergrund das Aufnahmegebäude dieser Bahngesellschaft; links davon im Hintergrund der Bahnhof der damaligen Visp–Zermatt-Bahn.

Bauarbeiter im Sonntagsgewand posieren für das Gruppenbild bei der Findelbachbrücke. Im Hintergrund die Baulokomotive H ⅔.

Während ein Teil der Bauarbeiter mit der Aufmauerung des einen Pfeilers der Findelbachbrücke beschäftigt ist, brechen andere das Trassee aus. Insbesondere der unterste Streckenabschnitt ist weitgehend aus dem Fels gehauen, an zwei Stellen musste sogar ein Tunnel gebohrt werden.

Rechte Seite: Die mehr als 50 Meter hohe Findelbachbrücke ist insofern eine Besonderheit, als die beiden Pfeiler gemauert sind, die eigentliche Brücke aber aus einem Stahlfachwerk besteht. Die vorgefertigten Stahlträgerteile waren damals eine Notlösung, weil die Maurerarbeiten an den Pfeilern in Verzug waren und ansonsten der Termin für die Betriebsaufnahme gefährdet gewesen wäre. Auf dieser seltenen Baukonstruktion fährt gerade die H 2/3 mit einem Personenwagen bergwärts.

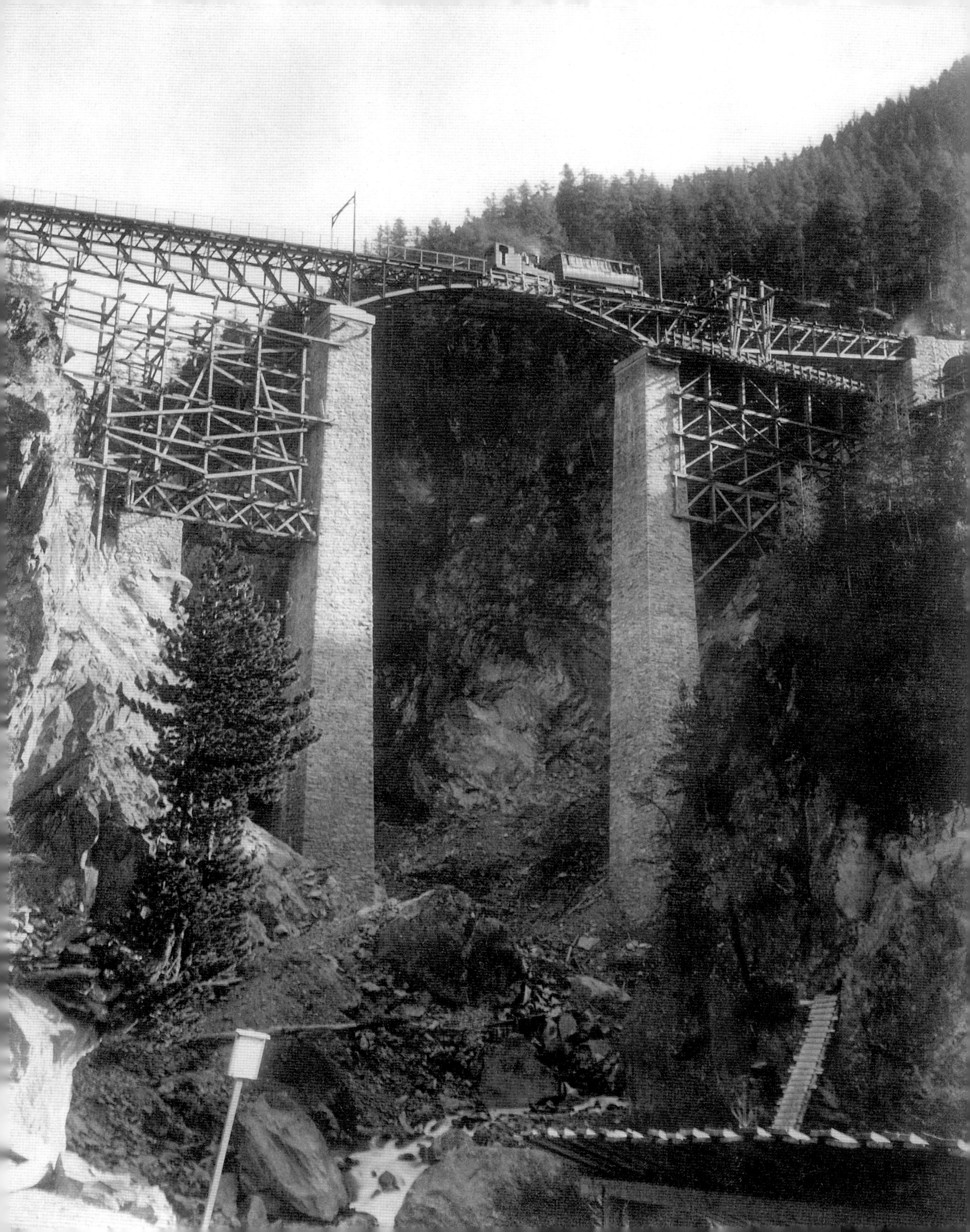

Das Matterhorn und die Gornergratbahn gehörten bei der Vermarktung der eindrücklichen Berglandschaft von Anfang an zusammen. Die seit der Betriebsaufnahme mit Drehstrom betriebene Bahn setzte Lokomotiven vom Typ He 2/2 ein, die ein oder zwei Personenwagen bergwärts schoben. Auch Güterwagen konnten den Lokomotiven vorgestellt werden. Die Aufnahme links entstand mit der Findelbachbrücke im Vordergrund, beim rechten Fotostandpunkt handelt es sich um die «Poster-Stelle» der Gornergratbahn, die sich unmittelbar oberhalb der Waldgrenze bei der Riffelalp befindet.

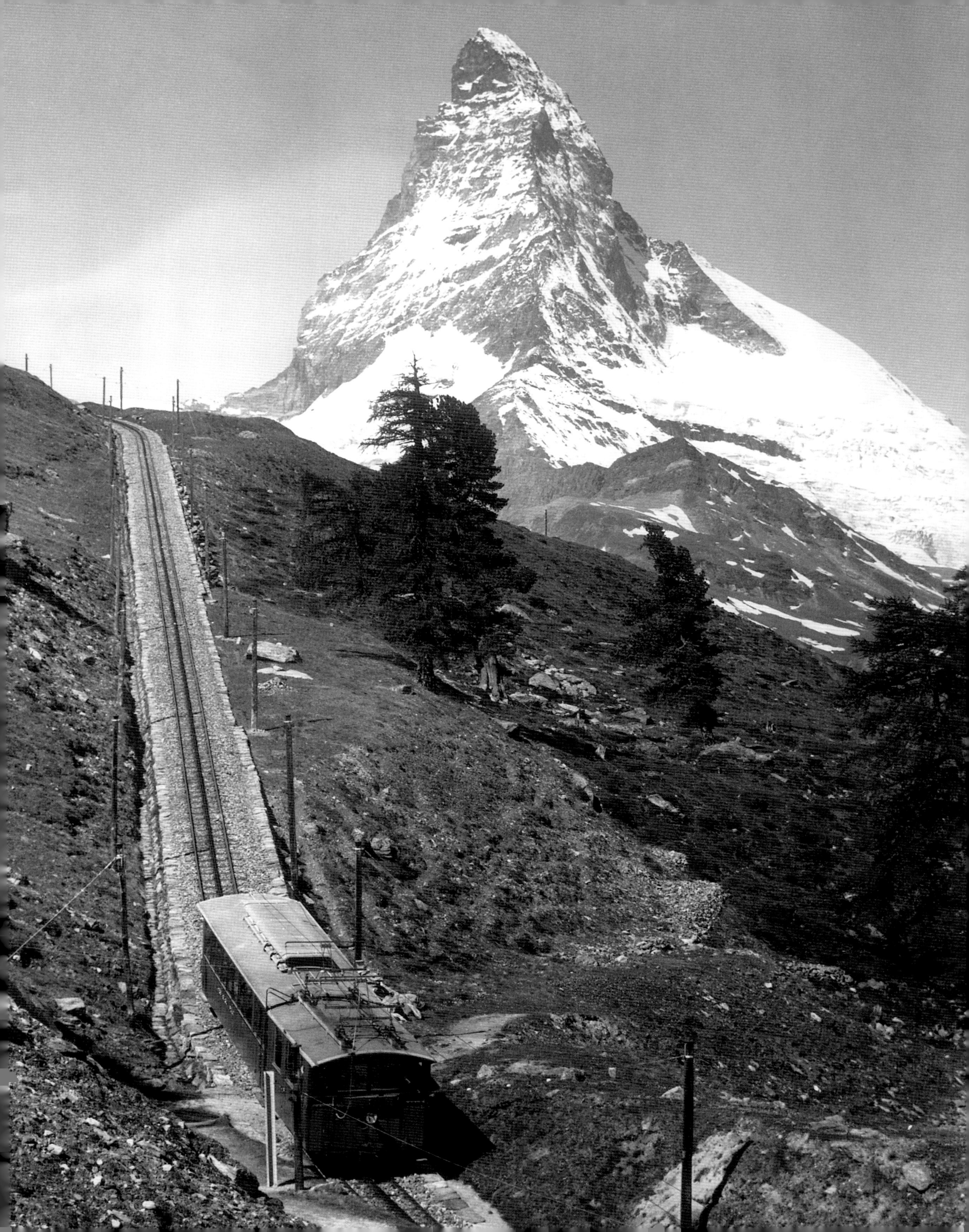

Riffelalp ist nicht nur eine Ausweichstelle der Gornergratbahn, sondern auch ein Haltepunkt für das gleichnamige Hotel an einmaliger Lage gegenüber dem Matterhorn. Da das Hotel etwa 400 Meter von der Station entfernt liegt, wurde ein elektrisches Trambähnchen eingerichtet. Oben ist der ganze Fuhrpark abgebildet, der aus je einem Gepäckwagen (links) und einem Personenwagen (rechts) bestand. Nach einem Brand 1962 wurde der Hotel- und Trambetrieb eingestellt. Als das Hotel aber wiederaufgebaut wurde, hat man sich des alten Bähnchens erinnert, da die Schienen und auch die Fahrzeuge immer noch vorhanden waren. Nach einer vorbildlichen Restauration fährt es nun wieder zwischen der Station und dem Hotel hin und her (rechte Seite).

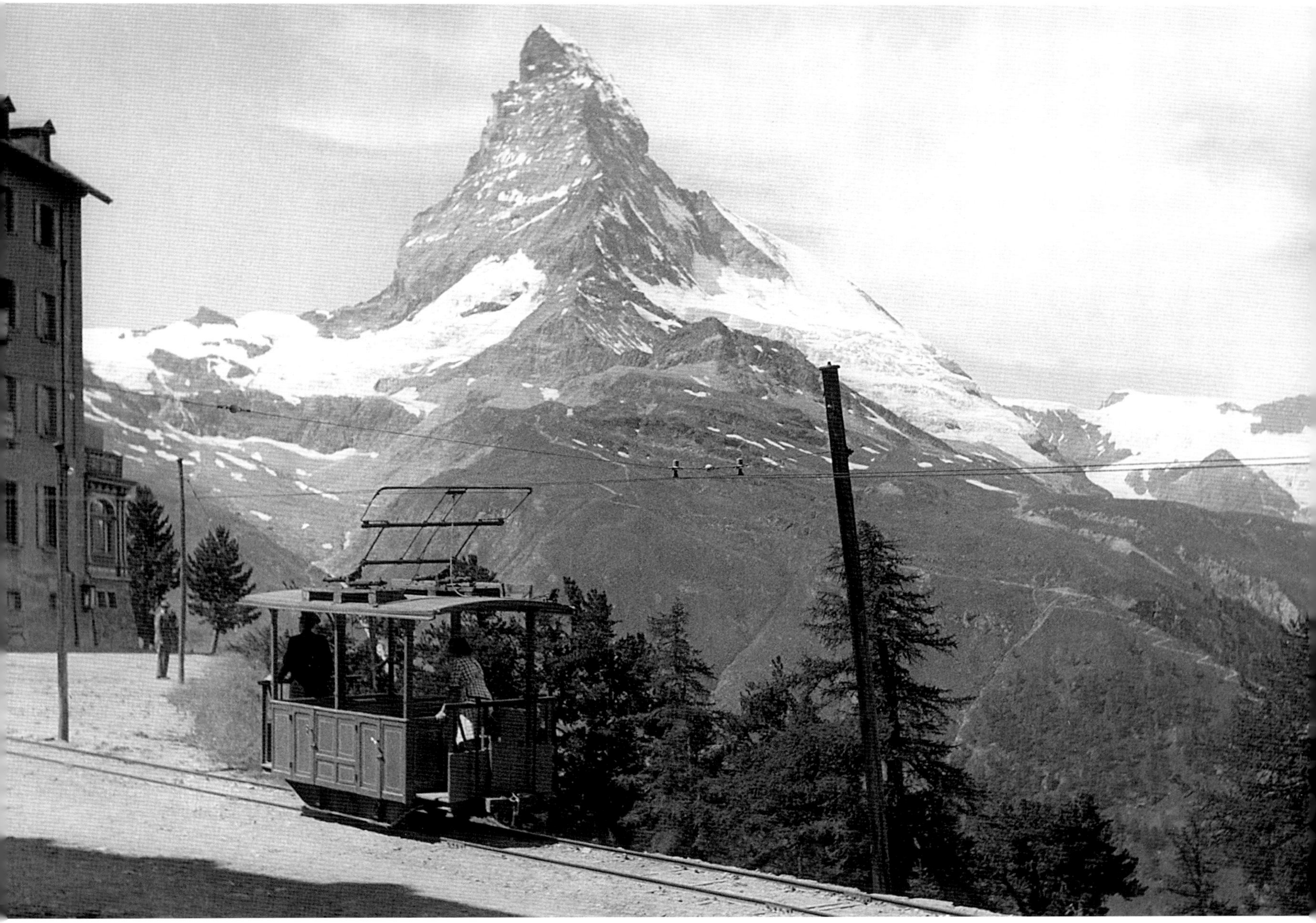

Als das Skifahren noch ein einsames Vergnügen war! Nur wenige Wintersportler nehmen ihre Bretter vom offenen Skitransportwagen und unternehmen eine Abfahrt im Tiefschnee. Die Aufnahme muss vor 1909 entstanden sein, weil sich der Zug noch in der tiefer gelegenen ehemaligen Station Gornergrat befindet.

Ab 1947 übernahmen die Bhe-2/4-Triebwagen den Personentransport. Wegen der stetigen Zunahme des Verkehrs beschaffte die Gornergratbahn bis 1961 zwölf solche Fahrzeuge. Als in den 1950er-Jahren diese Aufnahme entsteht, sind schon mehr Skibegeisterte unterwegs, vom heutigen Massentourismus ist aber noch keine Rede. Dahinter das Monte-Rosa-Massiv mit der 4634 Meter hohen Dufourspitze, dem höchsten Berg der Schweiz. Rechts das Gelände der früheren Bahnstation.

Je höher man mit der Gornergratbahn aufsteigt, umso atemberaubender wird der Ausblick. Auf diesem Panoramabild erkennt man von links nach rechts das Breithorn, das Kleine Matterhorn, das Theodulhorn mit dem anschliessenden Furgggrat hinüber zum Matterhorn und die Dent Blanche. Unter dieser Szenerie liegt der riesige Eisstrom des Gornergletschers.

Das Trassee der Gornergratbahn wurde im oberen Teil auf grossen Steindämmen verlegt. Die exponierte Lage trägt dazu bei, dass durch den Wind eine «natürliche Schneeräumung» erfolgt, so dass die Bahn im Winter mit weniger maschinellem Aufwand offen gehalten werden kann. Schön zu erkennen ist das Aufliegen des Zwischenwagens auf der Deichsel der Lokomotive, während der Vorstellwagen traditionell mit zwei Achsen ausgerüstet ist.

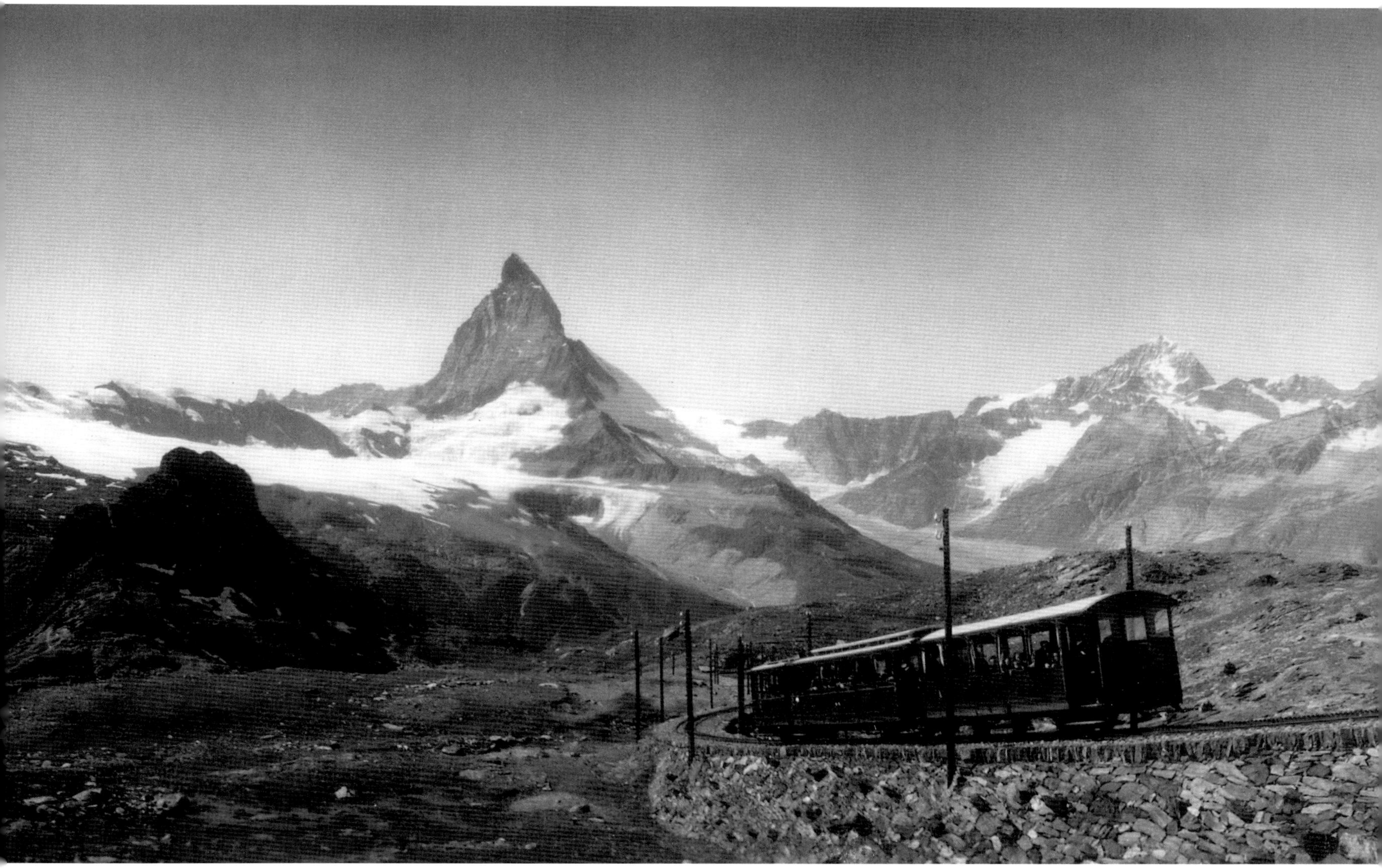

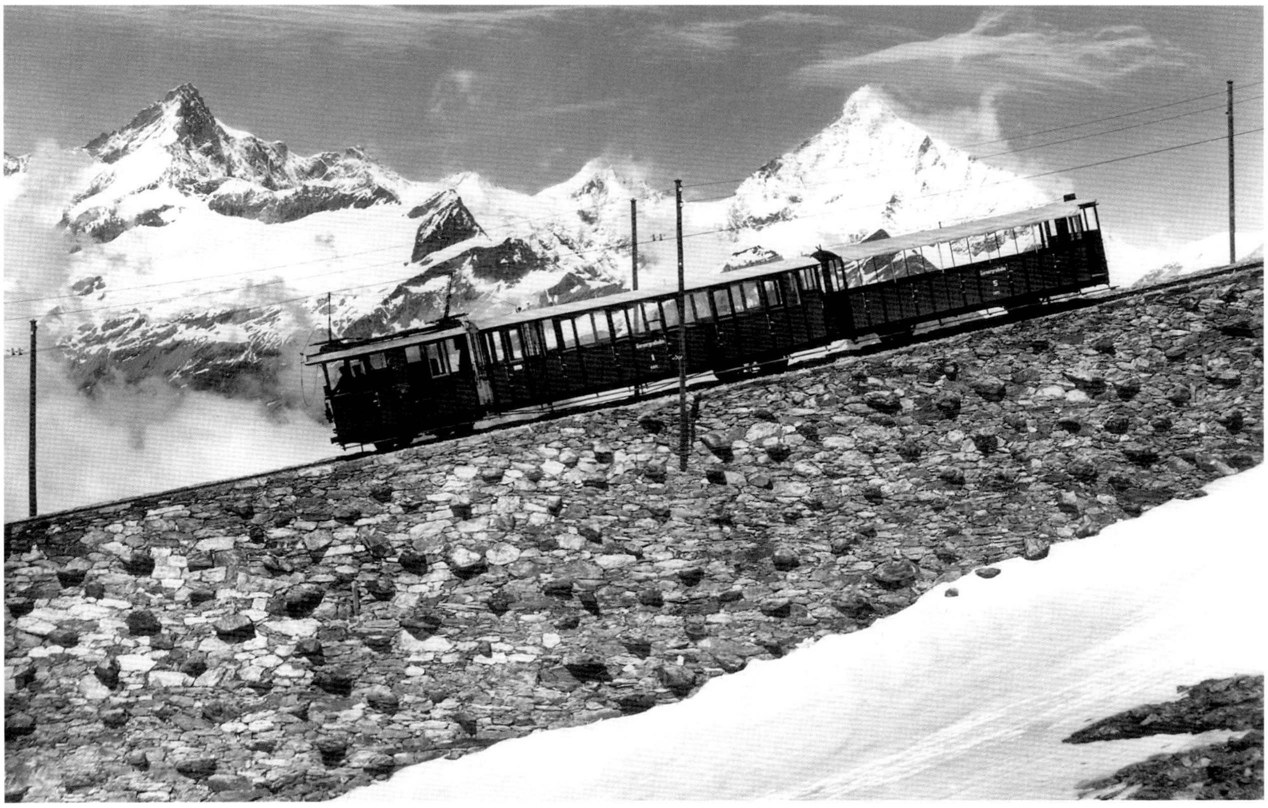

Typische Zugskomposition mit He-⅔-Lokomotive und dazugehörigem Personenwagen sowie offenem Aussichtswagen in der alten Station Gornergrat. Das Hotel ist links oben zu erkennen (oben). Am 1. Juni 1909 konnte die Verlängerung bis unter den Grat in Betrieb genommen werden (unten).

Auf der Aussichtsterrasse über dem Gornergletscher mit Blick auf das Monte-Rosa-Massiv und den Grenzgletscher rechts davon. Beachtenswert ist das Fernglas auf dem Dreibeinstativ. Der Andrang hält sich vor über hundert Jahren noch in Grenzen.

Vom Matterhorn ins Rhonetal

Zermatt–St. Niklaus–Visp–Brig

Die Reise mit dem Glacier Express beginnt im hintersten Ort des Mattertals, in Zermatt, am Fuss des Matterhorns. Das typische Stufental lässt nur wenig Siedlungsraum für den Menschen. Überall drohen Naturgewalten in Form von Schnee und Eis, Hochwasser und Steinschlag. Die Bahnverantwortlichen versuchen dieser Gefahren immer wieder mit Verbauungen Herr zu werden.

Doch zurück nach Zermatt: Bevor sie in den Zug einsteigen, wollen viele Touristen nochmals einen Blick auf die mystische Gestalt des «Horu» werfen, wie das Horn im Walliser Dialekt heisst. Gleich unterhalb von Zermatt beginnt der Abstieg durch die erste Geländetreppe in den grossen Talboden, der sich von Täsch bis nach Randa erstreckt. Täsch, der «Vorort» von Zermatt, beherbergt nicht nur zahlreiche Touristen in seinen Hotels, sondern auch die vielen hundert Autos der Zermatter Gäste in den grossen Einstellhallen und auf den Parkfeldern: Denn Zermatt ist autofrei und nur mit dem Zug erreichbar.

Nach Randa fällt die enorme Geröllhalde des Bergsturzes von 1991 ins Auge. Bahn und Strasse mussten an dieser Stelle verlegt werden. Der Zug umfährt jetzt mit Zahnradantrieb in einer Gegensteigung das Bergsturzgebiet, bevor er langsam über die nächste Stufe zum Dorf Herbriggen absteigen kann. Dann wechselt er auf die linke Talseite. Sogleich folgt die nächste Geländeschwelle, die zum Dorf St. Niklaus führt. Beim Halt im Bahnhof fällt der Blick auf das einfache, aber schöne Stationsgebäude, das dem einheimischen Chaletstil nachempfunden ist. Nun folgt der spektakulärste Abschnitt: Wieder führt das Gleis über den Talfluss, die Mattervispa. Dann dringt der Zug in die düstere Kipfenschlucht ein. Neben dem schäumenden Bach, vorbei an haushohen Gesteinsblöcken und senkrechten Felswänden, rollt der Zug steil bergab. Beim Weiler Kalpetran wechselt er wieder die Talseite, und nun kann man auf der rechten Wagenseite in die schauerlich tiefe Schlucht hinunterblicken. Zudem wird die tiefe Rinne des Mühlebachs gequert. Dieses Tal war ursprünglich mit einer Eisenbogenkonstruktion überspannt, die 1959 durch eine filigrane Betonbogenbrücke ersetzt wurde.

Nun kündigt sich Stalden an. Hier mündet das Saastal von Osten her ein. Wie an den steilen Hängen angeklebt, grüsst vom gegenüberliegenden Talhang das Dorf Staldenried, während in der Nähe des Bahngleises bereits die ersten Weinberge zu sehen sind. Ab der Station Stalden-Saas folgt nochmals ein kurzer, aber stotziger Abstieg bis zum Talboden. Kaum ist dieser erreicht, beginnt der Zug zu beschleunigen, und in rassiger Fahrt geht es talauswärts nach Visp. Dabei sollte die pittoreske Stelle beim Weiler Neubrück mit der Kapelle und den beiden Brücken nicht verpasst werden.

Visp war ursprünglich der Ausgangspunkt der Visp–Zermatt-Bahn (VZ). Mit der 1930 verlängerten Strecke nach Brig wechselte auch der Name auf Brig–Visp–Zermatt-Bahn (BVZ). Diese ging schliesslich 2003 durch die Fusion mit der Furka–Oberalp-Bahn (FO) in der Matterhorn Gotthard Bahn» (MGB) auf.

Die fast 9 Kilometer lange Strecke von Visp nach Brig verläuft neben der Simplonlinie der SBB im Talboden. Kunstbauten sind keine vorhanden. Allerdings wird der Eisenbahninteressierte kurz vor Brig sicher einen Blick auf die grosszügig bemessenen Gleisanlagen der Werkstätten- und Depotanlagen der MGB werfen, gibt es doch hier manche interessante Nostalgiefahrzeuge zu entdecken, die teilweise auch heute noch bei Spezialeinsätzen zu beobachten sind.

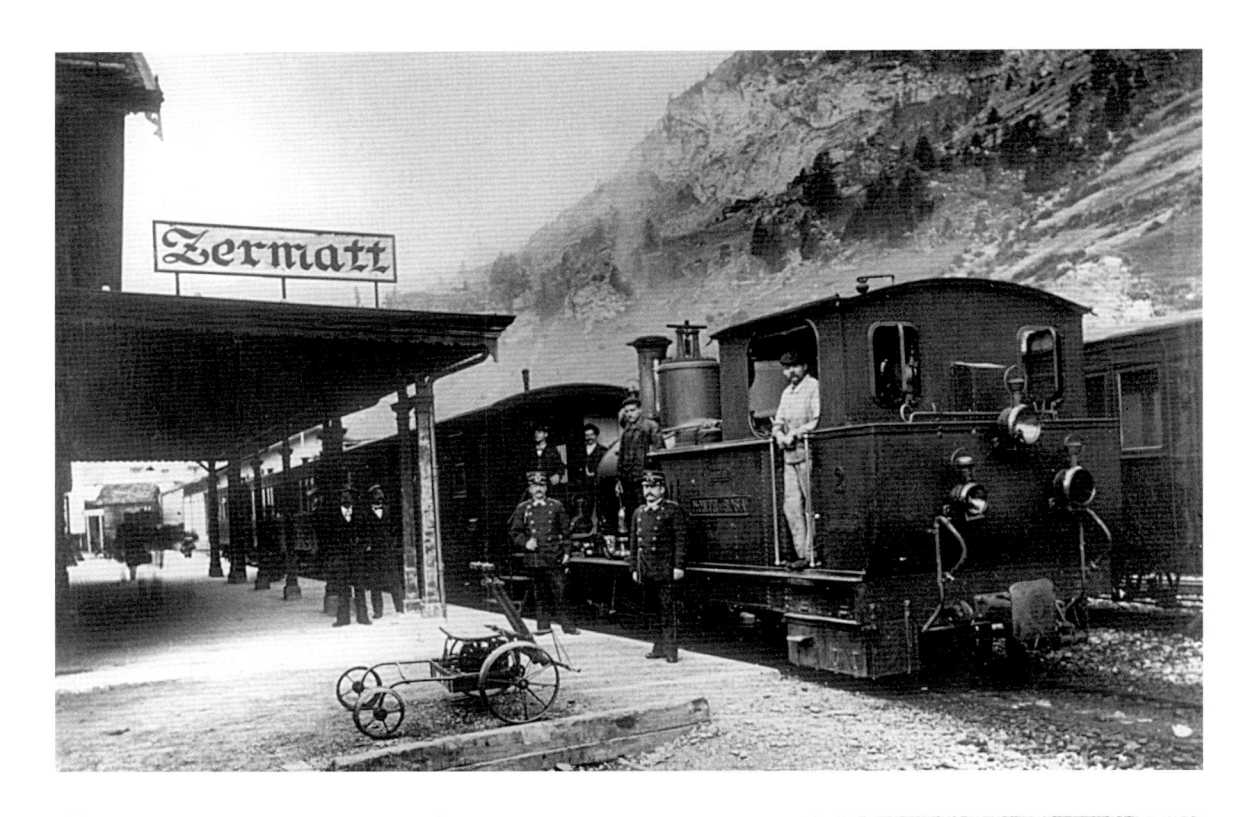

Ein Zug nach Brig mit der HG ⅔ steht abfahrbereit in der Station Zermatt. Auf der ganzen Linie gab und gibt es keine Drehscheiben, so dass die Dampflokomotiven immer mit dem Kamin Richtung Zermatt standen und entsprechend Richtung Visp rückwärts fuhren (oben).

Der Glacier Express ist am Abend des 23. Februar 1985 in Zermatt eingetroffen. Vorgespannt ist die FO HGe 4/4 Nr. 34. Vor der Fusion kam es eher selten vor, dass sich die beiden Bahngesellschaften Brig–Visp–Zermatt-Bahn (BVZ) und Furka–Oberalp-Bahn (FO) gegenseitig aushalfen (unten).

Das Bahnhofsquartier von Zermatt um 1900. Ein Zug mit Dampftraktion ist von Brig her eingetroffen. Die Lokomotive fährt Richtung Depot (am rechten Bildrand angeschnitten), um neue Vorräte für die Rückfahrt zu laden. Hinter dem ehrwürdigen Stationsgebäude befindet sich die Gornergratbahn. Rechts im Bild wird eines der ersten Hotels gebaut.

Folgende Doppelseite: Vom Zug aus ist das Matterhorn erst auf den letzten Metern kurz vor Zermatt zu erblicken. Diese Komposition besteht aus fünf neu abgelieferten Mitteleinstiegswagen. Das Werbebild der Schweizerischen Industriegesellschaft Neuhausen am Rheinfall (SIG) entstand im Jahr 1955.

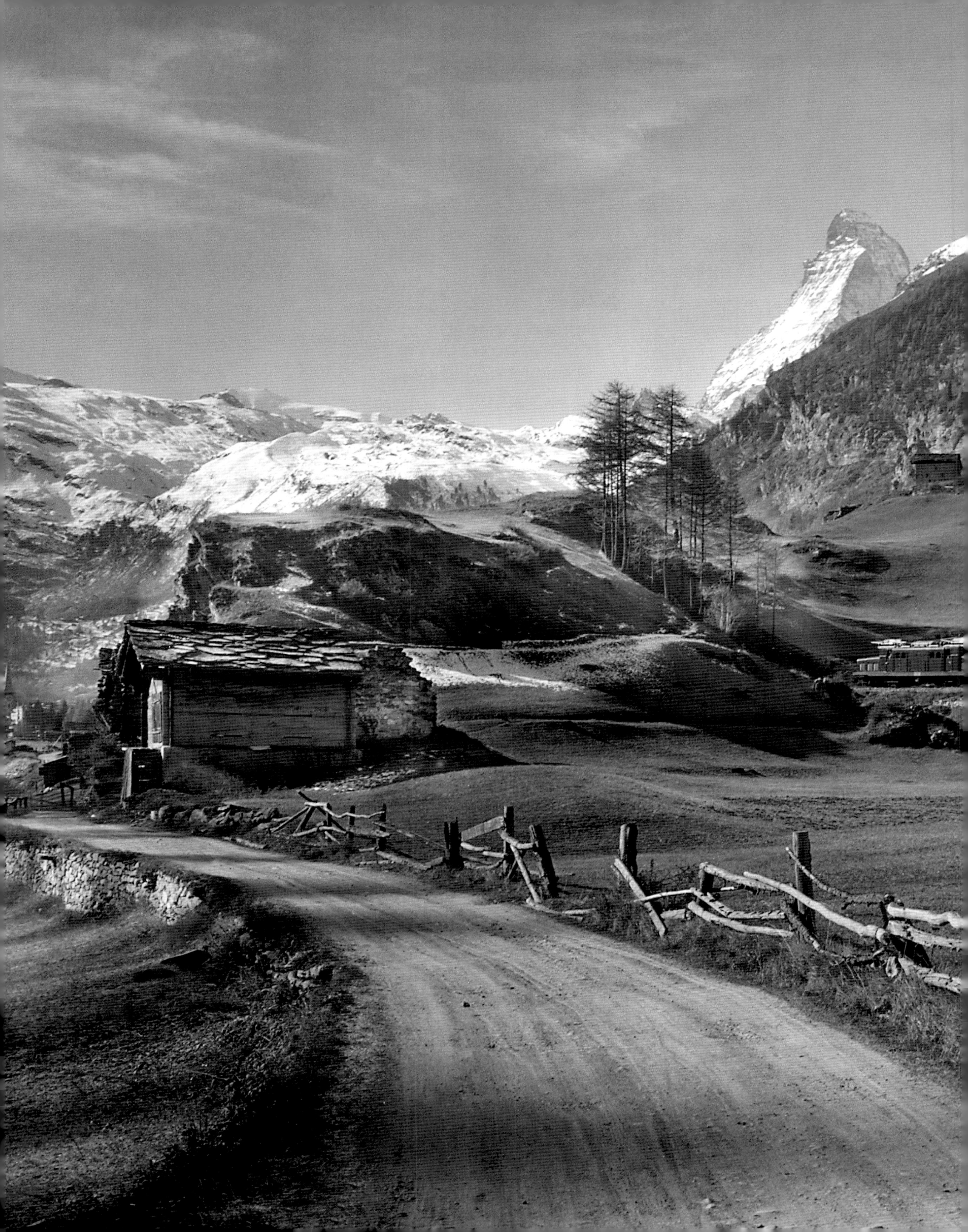

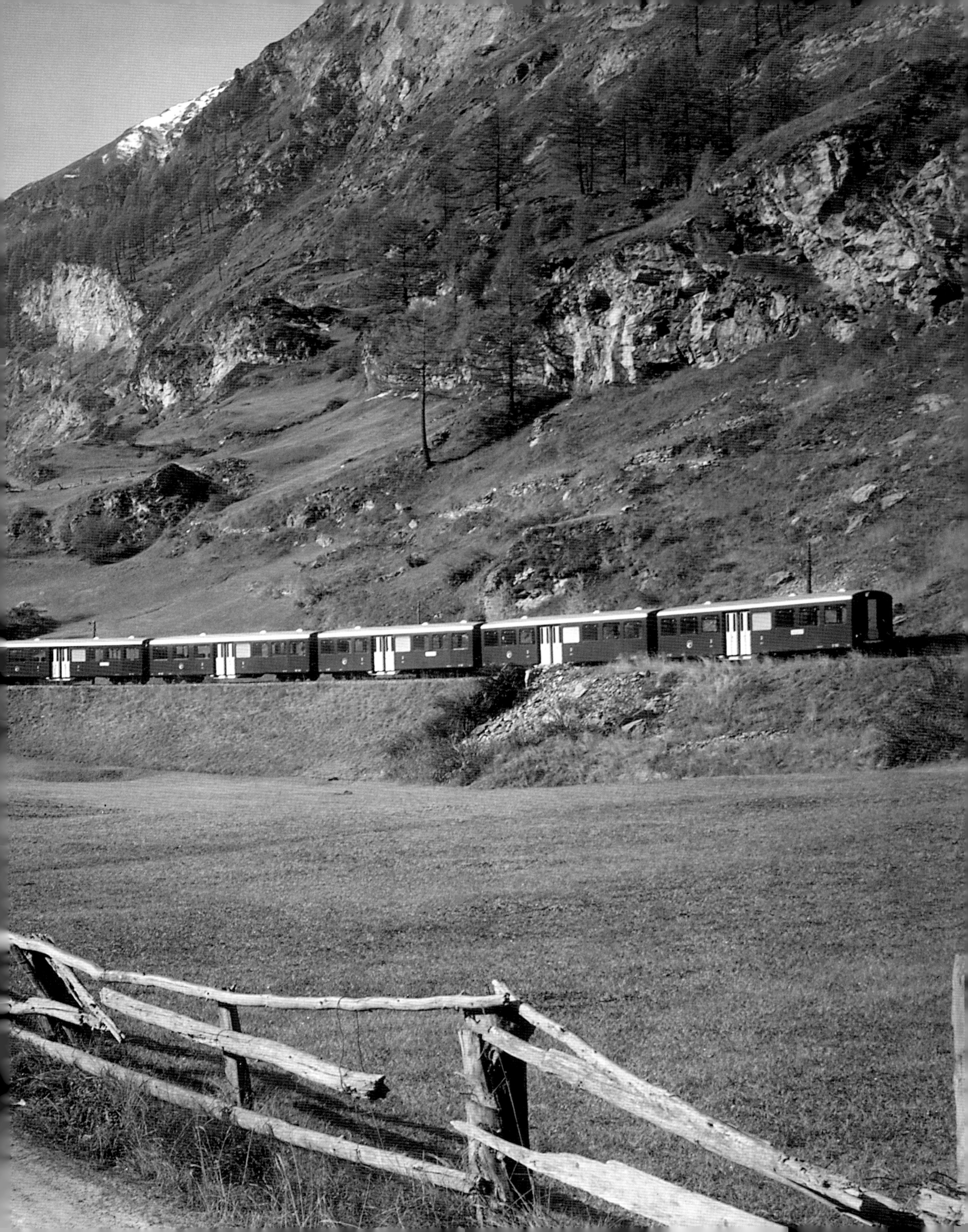

In der Station Randa hat die Dampflokomotive gerade am Kran Wasser gefasst. Noch warten Reisende und das Personal auf die Abfahrtszeit. Im Hintergrund ein gewaltiger Schuttkegel: Der darüber liegende Fels brach im Frühling 1991 in einem verheerenden Bergsturz ab und verschüttete das Tal. Für Bahn und Strasse musste danach eine neue Linienführung gefunden werden.

Der Glacier Express mit dem Bisgletscher bei Randa um 1930, kurz nach seiner Einführung. Im vierachsigen Wagen ABC der Rhätischen Bahn waren alle drei Wagenklassen vorhanden.

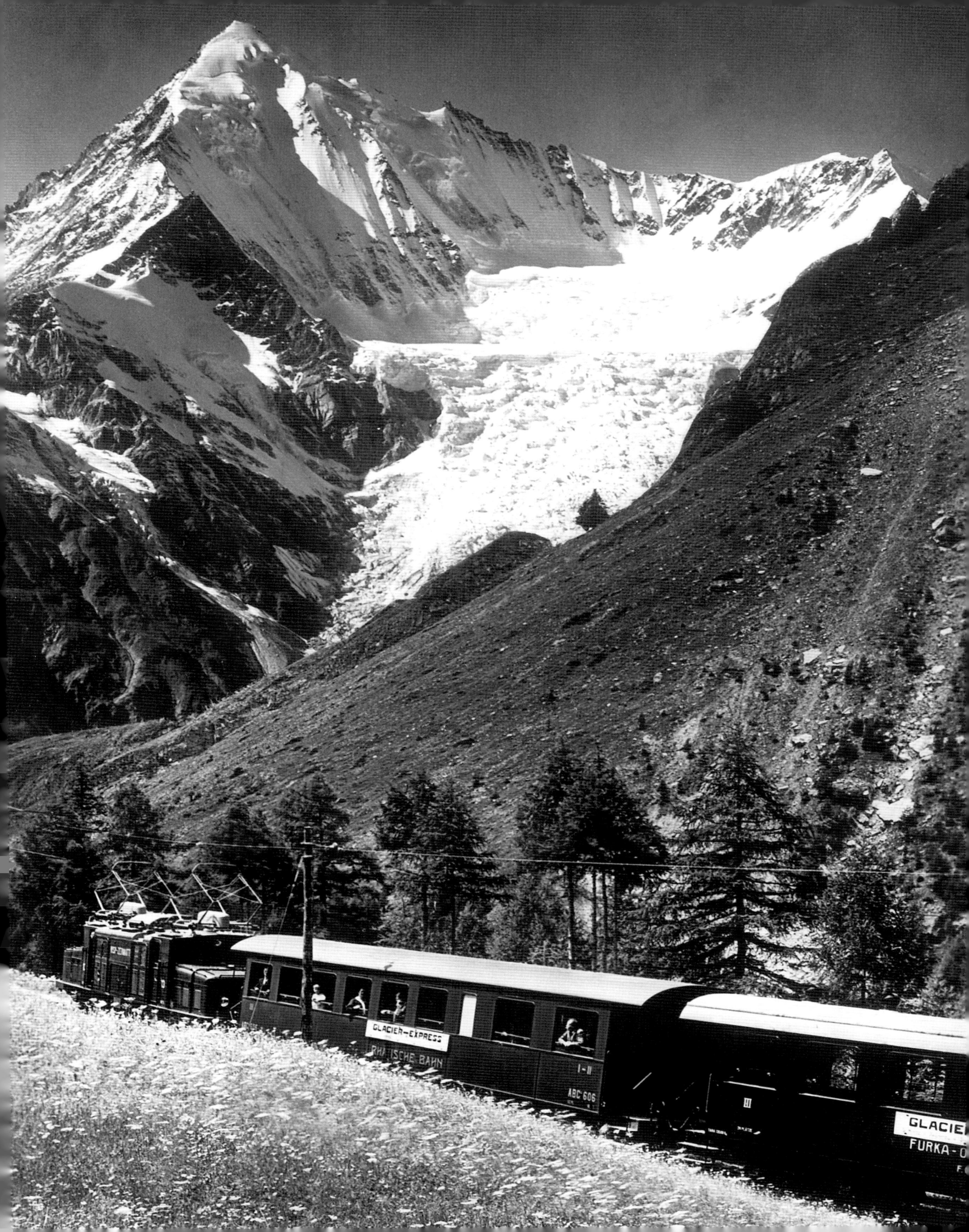
GLACIER-EXPRESS
RHÄTISCHE BAHN
I-II
ABC 606

Ein Glacier Express der Achtzigerjahre mit Doppeltriebwagen ABDeh 8/8 bei St. Niklaus an einem Wintertag, dem 16. Februar 1985.

Die Fahrt durch die wilde Kipfenschlucht ist ein besonderes Erlebnis auf der Reise nach Zermatt. An diesem Tag führt die Mattervispa gewaltige Wassermassen talwärts, während sich der Zug Richtung Zermatt hinaufschlängelt.

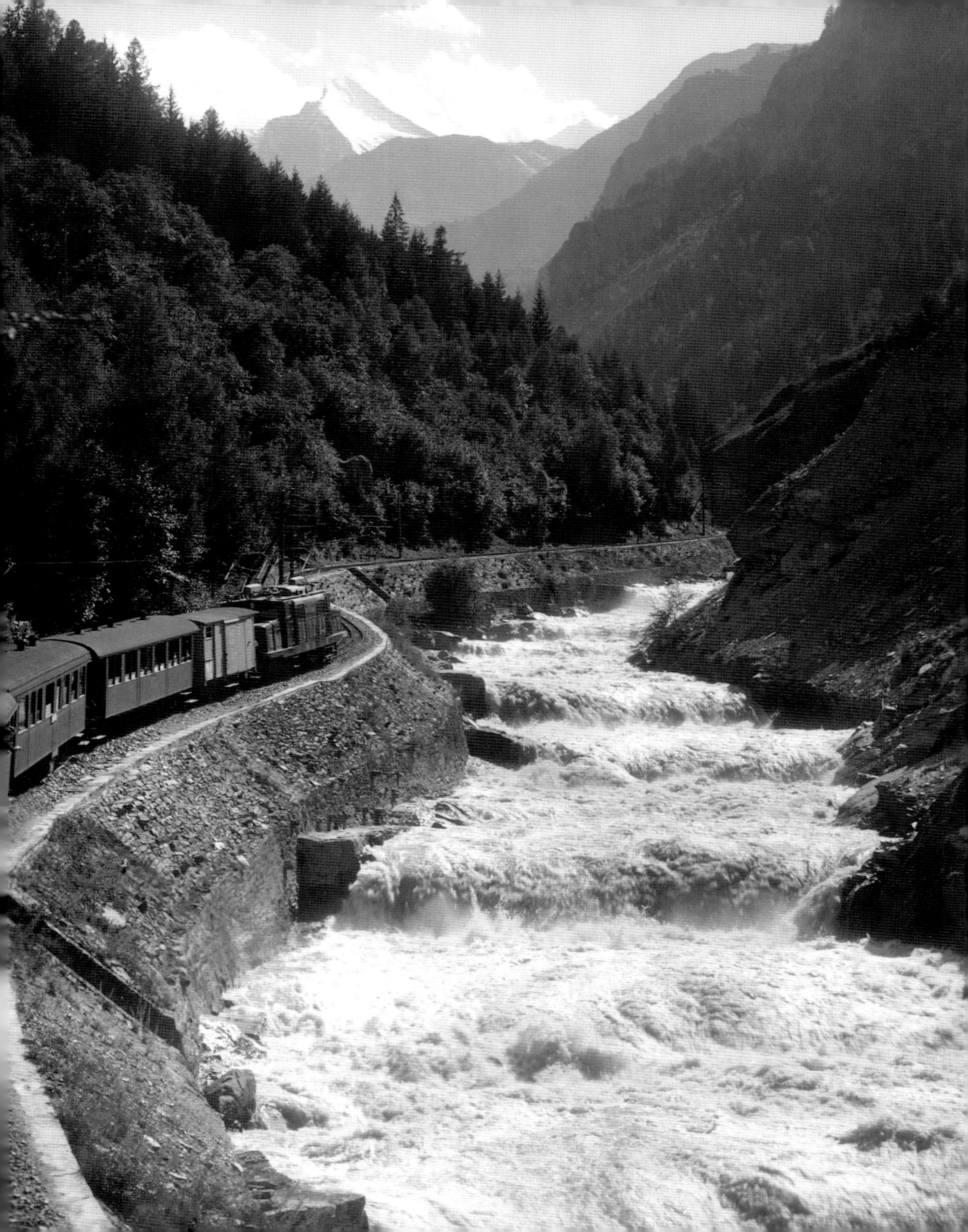

Die Kipfenbrücke hinter dem Weiler Kalpetran. Ein talwärts fahrender Zug wechselt gerade vom rechten auf das linke Ufer der Mattervispa. Die typischen Walliser Häuser sind mit Steinplatten aus der Region gedeckt.

Der Glacier Express passiert im ersten Betriebsjahr die Kipfenbrücke. An erster Stelle ist ein Wagen mit drei Klassen der Rhätischen Bahn (RhB) eingereiht, gefolgt von einem vierachsigen Wagen der Furka–Oberalp-Bahn (FO).

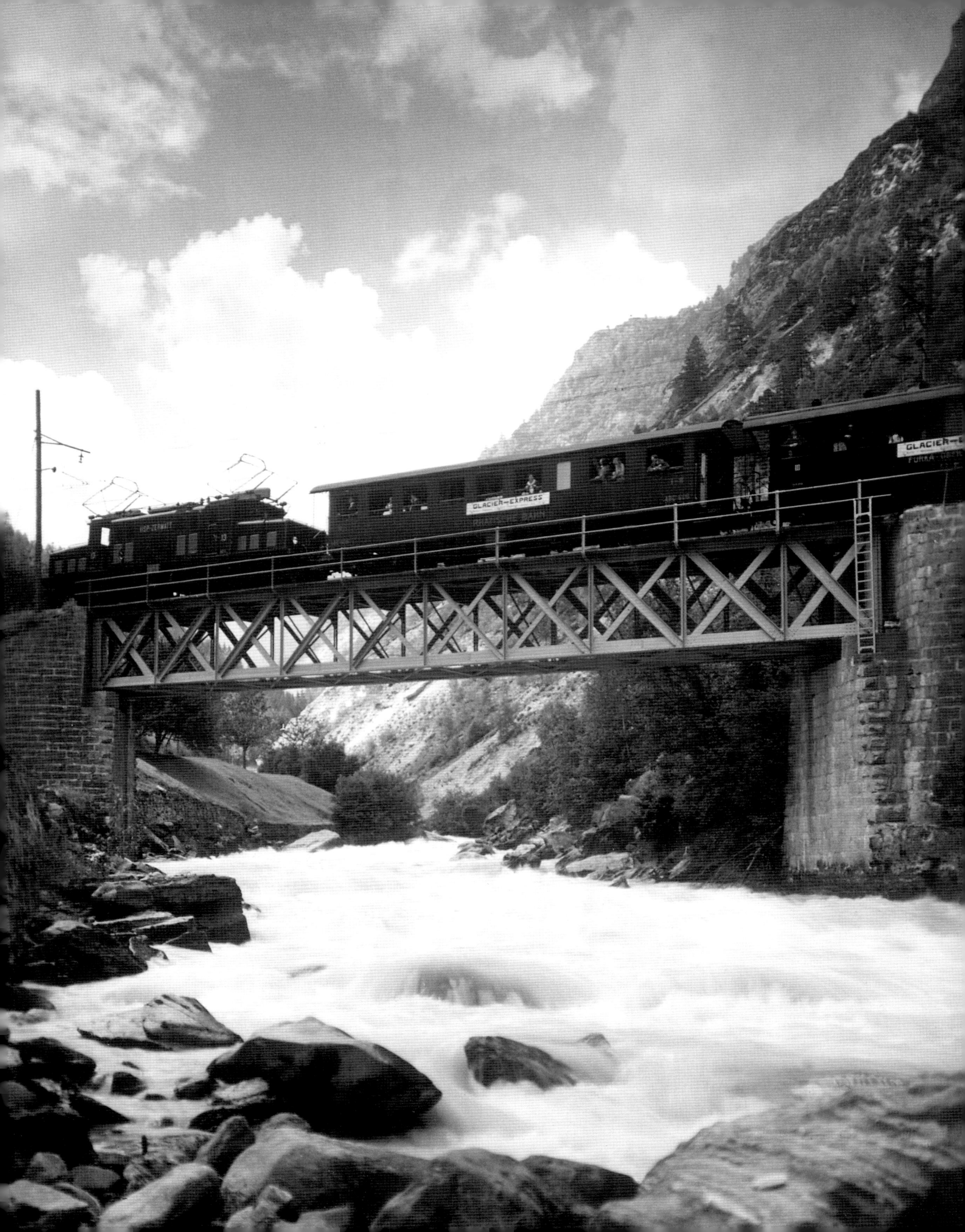
GLACIER-EXPRESS

Kurz nach der Betriebsaufnahme im Jahr 1891 entstand dieses Bild in der Station Kalpetran. Die Stühle in der Gartenwirtschaft deuten darauf hin, dass die Station schnell zum allgemeinen Treffpunkt im Dörfchen wurde.

Der Zug windet sich von Kalpetran die Felsflanke entlang hinaus Richtung Stalden. Die tiefe Schlucht ist hier so eng, dass man sich nur schwer vorstellen kann, dass der Fotograf auf der gegenüberliegenden Talseite steht und dazwischen die Mattervispa rauscht.

Die Mühlebachbrücke überspannt ein tief eingeschnittenes Seitental zwischen Kalpetran und Stalden. Die alte Eisenbogenbrücke (rechts) wurde im Jahr 1959 durch eine feingliedrige Spannbetonbrücke ersetzt (links). Die neue Brücke wird gerade von einer ABDeh% mit Baujahr 1960 befahren.

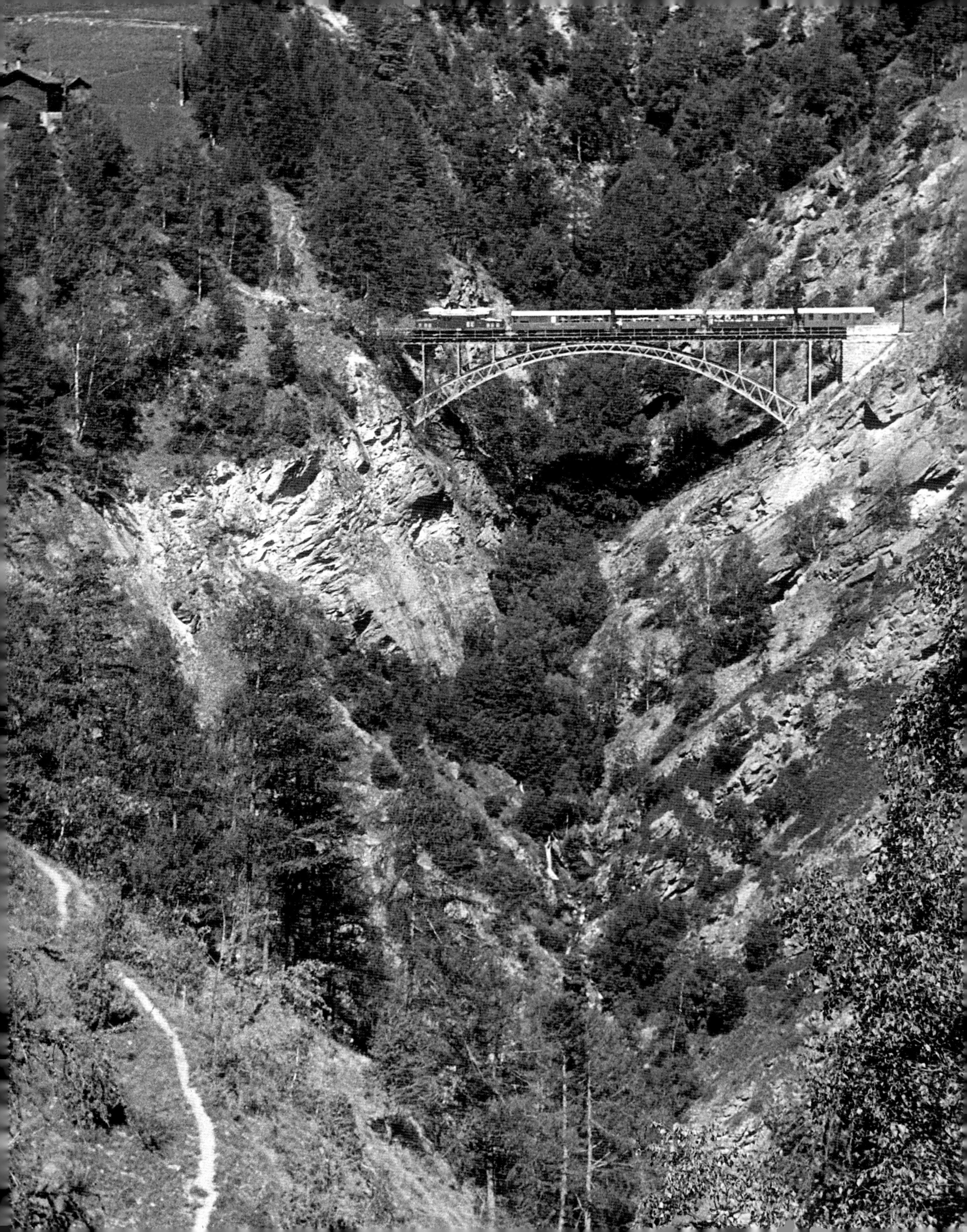

Stalden liegt an der Stelle, wo sich das Tal Richtung Saas und Zermatt verzweigt, auf einer Terrasse. Die typischen Walliser Häuser, Holzkonstruktionen auf einem gemauerten Sockel, scharen sich um die grosse Kirche. Ein kurzer Zug fährt über den steilsten Abschnitt der Bahnstrecke zum Talboden hinunter.

Der Weiler Neubrück mit seinen beiden Brücken über die Vispa und der pittoresken Kapelle war ein lohnenswertes Fotoobjekt: Die HGe 4/4 Nr. 13 mit einem Personenzug kurz nach der Elektrifizierung im Jahr 1929.

Diese Aufnahme im Bahnhof Visp dokumentiert die Umstellung von der Dampf- auf die Elektrotraktion. Jung und Alt bewundert sowohl die kleine HG 2/3 mit dem Namen «Monte Rosa» als auch das mächtig wirkende VZ-Krokodil.

Seit 1930 geniesst die Brig–Visp–Zermatt-Bahn (BVZ) Gastrecht in Brig. Stelldichein vor dem Depot mit Fahrzeugen der BVZ und der Furka–Oberalp-Bahn (FO). Zu sehen sind von links nach rechts: BVZ HGe 4/4, FO HGe 4/4, FO BCFeh 2/4 sowie der Trieb- und Steuerwagen der damals noch selbständigen Schöllenenbahn (SchB). Ganz rechts eine Schneeschleuder der FO. Die Fahrzeuge der SchB waren cremefarben und hellblau gestrichen, alle anderen rot. Die Normalien der BVZ dienten der FO bei ihrer Elektrifizierung im Jahr 1941 als Vorbild.

Talaufwärts entlang dem Rotten bis zur Quelle

Brig–Gletsch

Das erste Teilstück der Alpenlängslinie über den Furka- und den Oberalppass wurde von der Firma «Compagnie suisse du Chemin de fer de la Furka» geplant, gebaut und in Betrieb genommen. Der französische Einfluss ist bei näherer Betrachtung auch heute noch sichtbar. Augenfällig sind die Stationsgebäude, die nach dem damaligen Stil der Kleinbahnen in Frankreich erstellt wurden.

Zudem unterstützten die Geldgeber aus Paris die Idee, die Steilstrecken ohne Zahnstange, aber mittels Reibungsmittelschiene nach der französischen Bauart «Hanscotte» zu überwinden, die allerdings nur 90 Promille Maximalsteigung zuliess. Die Hanscotte-Dampflokomotiven wären mit zwischenliegenden Horizontalrädern ausgerüstet worden, so dass die Adhäsion vergrössert worden wäre. Dem Bund und den einheimischen Initianten wurde der ausländische Einfluss damit jedoch zu gross, und die Pläne mussten auf eine konventionelle gemischte Zahnrad-/Adhäsionsbahn abgeändert werden, so dass grössere Steigungen möglich wurden. Allerdings wurde das Projekt im unteren Streckenteil nicht mehr angepasst, weil die Planungsarbeiten zu weit fortgeschritten waren. Hingegen weisen die Teilabschnitte hinauf nach Gletsch und zum Furkatunnel sowie am Oberalp maximale Steigungen von 110 Promille auf.

Die Reise ins Goms beginnt auf dem Briger Bahnhofplatz, nachdem die Lokomotive am anderen Ende des von Zermatt eingefahrenen Zuges angehängt wurde. In einem weiten Halbkreis überquert der Zug zuerst den Rotten und durchfährt anschliessend das Dorf Naters. In gemächlicher Steigung schlängelt sich die Bahn über Bitsch und Mörel zur ersten Talstufe bei Grengiols, die mit zwei Zahnradabschnitten und einem Spiraltunnel überwunden wird. Die zweite Talstufe zwischen Fiesch und Fürgangen-Bellwald wird durch Ausfahren des Fieschertals in einer Seitentalkehre und mit einem weiteren Zahnstangenabschnitt überwunden. Dann öffnet sich bei Niederwald das Tal, und vor den Reisenden liegt das Goms mit seinen schmucken Dörfern. Der Zug bedient unter anderem Biel, Gluringen, Reckingen, Münster, Ulrichen und Obergesteln, bevor er in Oberwald eintrifft. Gleich nach der zur damaligen Zeit noch bescheidenen Station beginnt das Gleis steil anzusteigen. Trotzdem konnte die Schlucht unterhalb von Gletsch nicht ohne eine weitere Tunnelspirale überwunden werden. Bahn und Strasse teilen sich diesen Engpass mit dem Rotten, bevor der Zug in Gletsch, dem berühmten kleinen Dörfchen am Fuss des Rhonegletschers, einfahren kann.

Gletsch, auf 1760 Meter über Meer gelegen, ist nur während der Sommermonate bewohnt. Während der übrigen Zeit – rund 8 Monate im Jahr – endete der Zug früher unten in Oberwald. Wenn der Glacier Express nicht über die Berge fahren konnte, war in diesem abgelegenen Tal wenig los; da Oberwald in den langen Wintern am Linienende lag, fehlte dem ganzen Goms eine Fortsetzung Richtung Osten. Dies änderte sich mit der Inbetriebnahme des Basistunnels im Frühling 1982 schlagartig: Die bescheidene Bimmelbahn wurde zum Verbindungsglied zwischen einer touristisch aufstrebenden Region und den Ballungszentren im Mittelland.

Und die Zeit steht nicht still. Die heutige Bahngesellschaft Matterhorn Gotthard Bahn hat in Brig Grosses vor. Die Schmalspurgleise sollen vom Bahnhofplatz zu den SBB-Gleisen verschoben werden. Zudem will man den Umweg durch das Dorf Naters mit seinen vielen unbewachten Bahnübergängen einstellen und durch eine direkte Linienführung in Richtung Bitsch ersetzen. Damit kann die zeitraubende Spitzkehre in Brig eliminiert und der Glacier Express merklich beschleunigt werden.

In Brig bestand eine Umladeeinrichtung, um Schmalspurfahrzeuge auf Normalspurwagen zu laden oder von ihnen abzuladen. Das Pferd an der Rampe des Güterschuppens wartet geduldig, bis seine Fuhre entladen ist; rechts daneben wird ein neuer Triebwagen für die Gornergratbahn vom Rollschemel gezogen. Weil die Fahrleitung nicht reicht, sind hinter dem Triebwagen BCFeh 2/4 der FO noch einige Zwischenwagen eingereiht (oben).

Nach der Elektrifizierung verkaufte die Furka–Oberalp-Bahn vier Lokomotiven nach Vietnam. Hier steht die Nr. 1 abfahrbereit auf einem SBB-Rollschemel. Links daneben ist ein urtümlicher Verladekran zu erkennen (unten).

Gleich zwei Züge mit den typischen FO-Lokomotiven HGe 4/4 stehen am 14. August 1960 auf dem Bahnhof Brig abfahrbereit Richtung Goms. Der an erster Stelle eingereihte BVZ-Wagen der Serie AB 101–103 deutet darauf hin, dass es sich bei diesem Zug um den Glacier Express handelt.

Der Personenzug mit einer HGe 4/4 fährt von Mörel Richtung Bitsch. Dabei passiert er die Muttergotteskapelle «Zu den hohen Flühen», einen Barockbau aus den Jahren 1726 bis 1731.

Die genietete Eisenbogenbrücke über die Massa bei Bitsch wird gerade von einer HG ¾ mit einem Personenzug am Haken befahren.

Mit dem 62 Meter langen Nussbaumviadukt wechselt der Zug unterhalb von Betten von der rechten auf die linke Talseite. Die HGe 4/4 zieht einen Personenzug bergwärts.

Spektakulär und auch verwirrend ist die Überwindung der Talstufe von Grengiols, weil der Rotten hier in einer engen Schlucht rechtwinklig zur Talachse verläuft und das Gleis geradewegs über den Grengiolsviadukt im Tunnel verschwindet. Oberhalb des Tunnelportals verläuft am oberen Bildrand das Bahntrassee, das nach einer Dreiviertelschleife ausserhalb des linken Bildrands wieder ans Tageslicht kommt. Der Zug, bespannt mit einer HG 3/4, fährt talwärts.

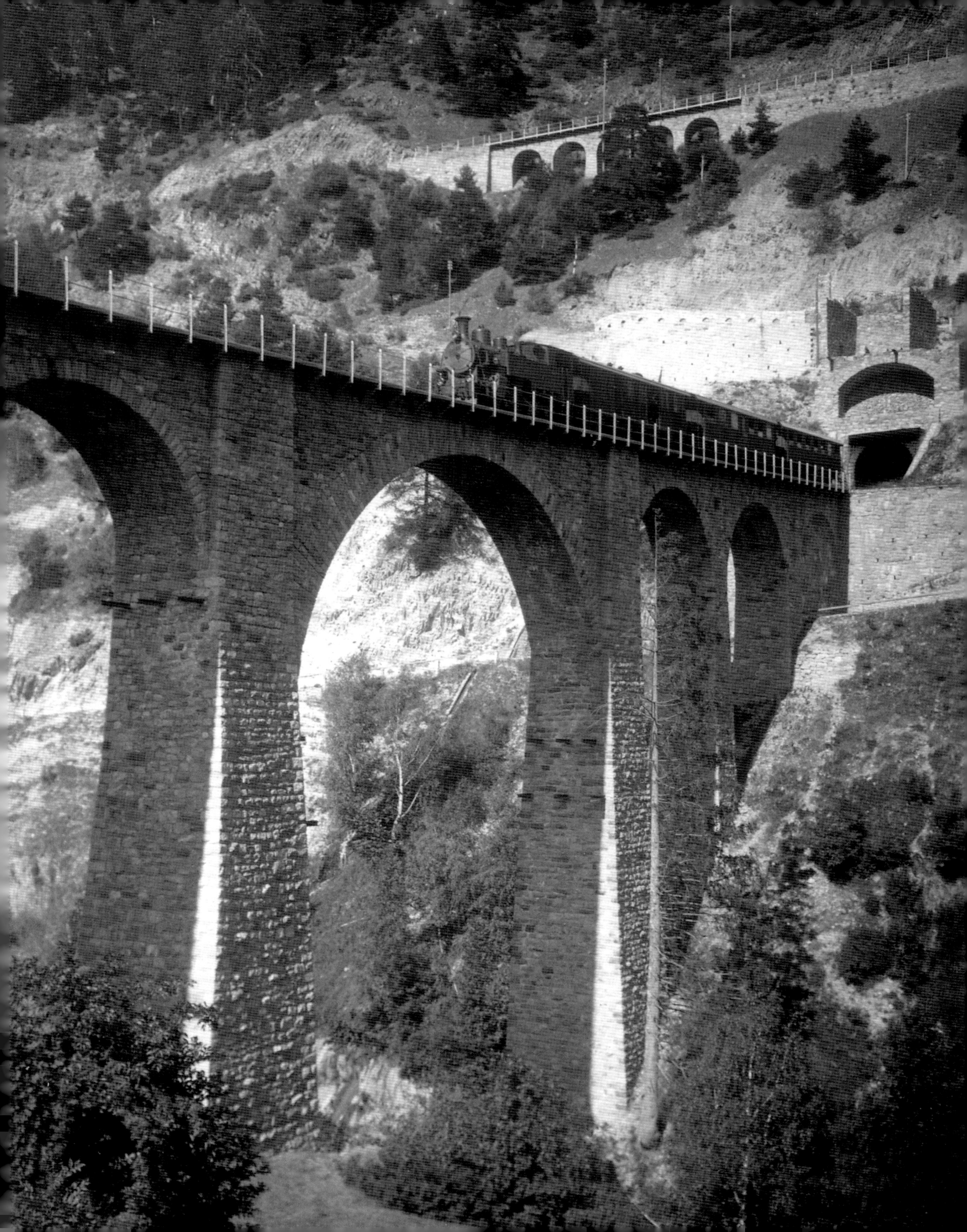

In einer grossen Schleife führt die Bahn um das Dorf Lax herum. Beachtenswert an dieser Komposition ist, dass der hintere Personenwagen und der Gepäckwagen mit «FO» beschriftet sind, während der vordere noch die alte Firmenbezeichnung «Furkabahn» trägt.

Talwärts fahrender Personenzug mit einem Triebwagen BCFeh ²⁄₄ auf dem Laxgrabenviadukt zwischen Lax und Grengiols.

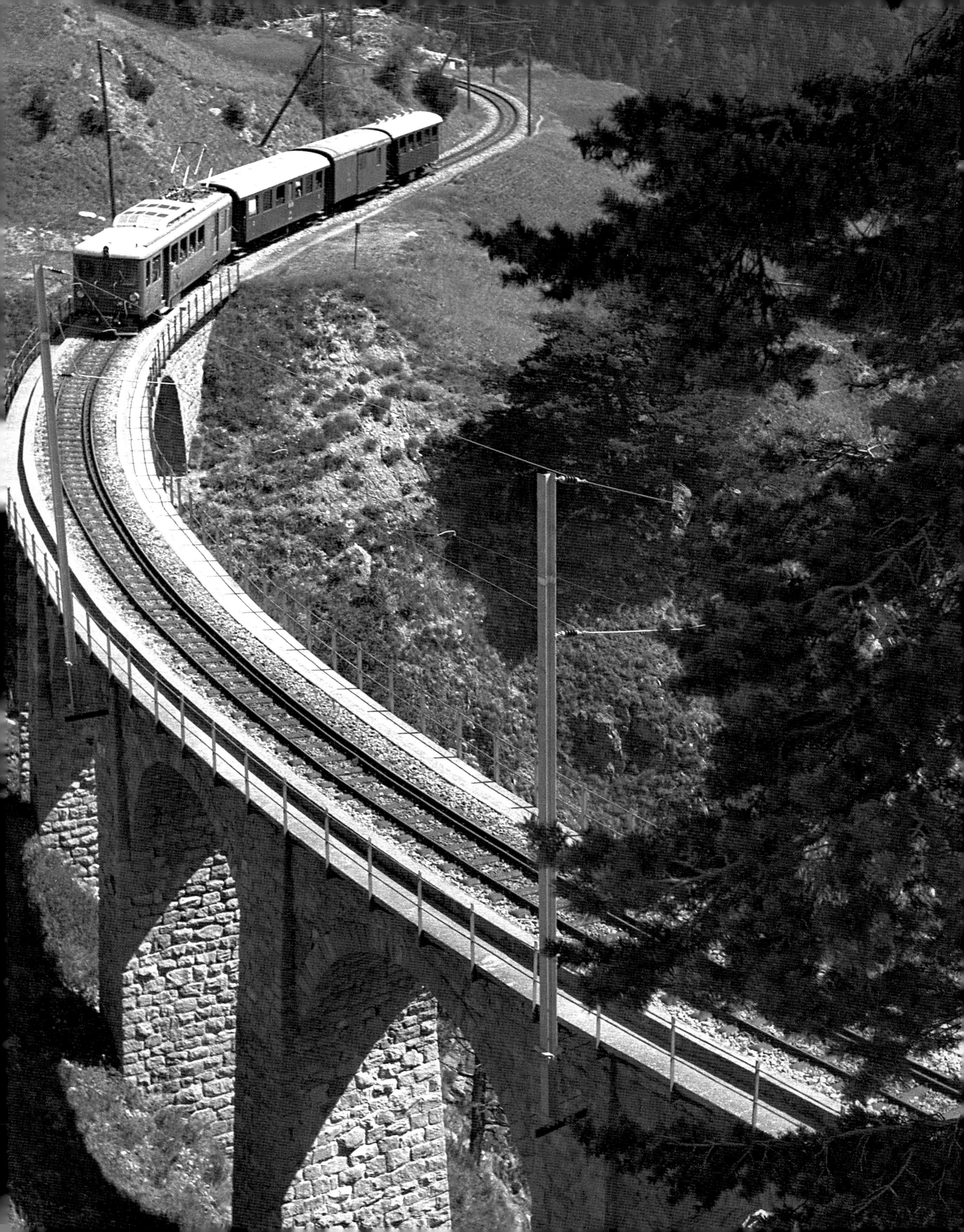

Der Triebwagen BCFeh 2/4 Nr. 41 war mit denjenigen der Furka–Oberalp-Bahn baugleich. Das hellblau und cremefarben gestrichene Fahrzeug ist hier vor einem Personenzug in Fiesch abgebildet.

Heuernte bei Fiesch. Ein BCFeh-¾-Triebwagen quert mit seinem Personenzug den Fiescherbach, um dann in den dritten Zahnstangenabschnitt einzufahren.

Von Fiesch her hat dieser Zug über den letzten Zahnstangenabschnitt die Höhe des Goms erreicht und fährt nun durch die Magerwiesen Niederwald entgegen.

Niederwald, das unterste Dorf im Goms, ist die Heimat der Ritz-Dynastie, der Begründer der gleichnamigen weltweit bekannten Hotelkette. Die Holzkonstruktion der Häuser und der Kirchturm zeigen den Baustil der Walser, die sich über das Urserental, Davos und das Prättigau bis nach Vorarlberg verbreiteten.

Typischer Lokalzug von Brig nach Oberwald mit einer HGe 4/4 und zwei Plattformwagen bei Gluringen am 13. August 1981 (oben).

Das Goms ist wie das Engadin ein breites Hochtal, wo meterhohe Schneemassen und Temperaturen von minus 20 Grad keine Seltenheit sind. Das Bild zeigt die Station von Münster, dem Hauptort des Goms (unten).

Bis zum Bau des Basistunnels ist die Stationsanlage von Oberwald bescheiden ausgebaut. Neben dem genormten Stationsgebäude ist noch eine Wagenremise vorhanden. Soeben fährt ein Dampfzug von Gletsch her ein.

Die HGe 4/4 mit einem Wagen der Rhätischen Bahn am Haken fährt unterhalb von Gletsch aus dem Kehrtunnel auf die Rottenbrücke.

Unterstützt von der Zahnstange zieht die Dampflokomotive den Glacier Express von Oberwald über die Steilrampe nach Gletsch hinauf.

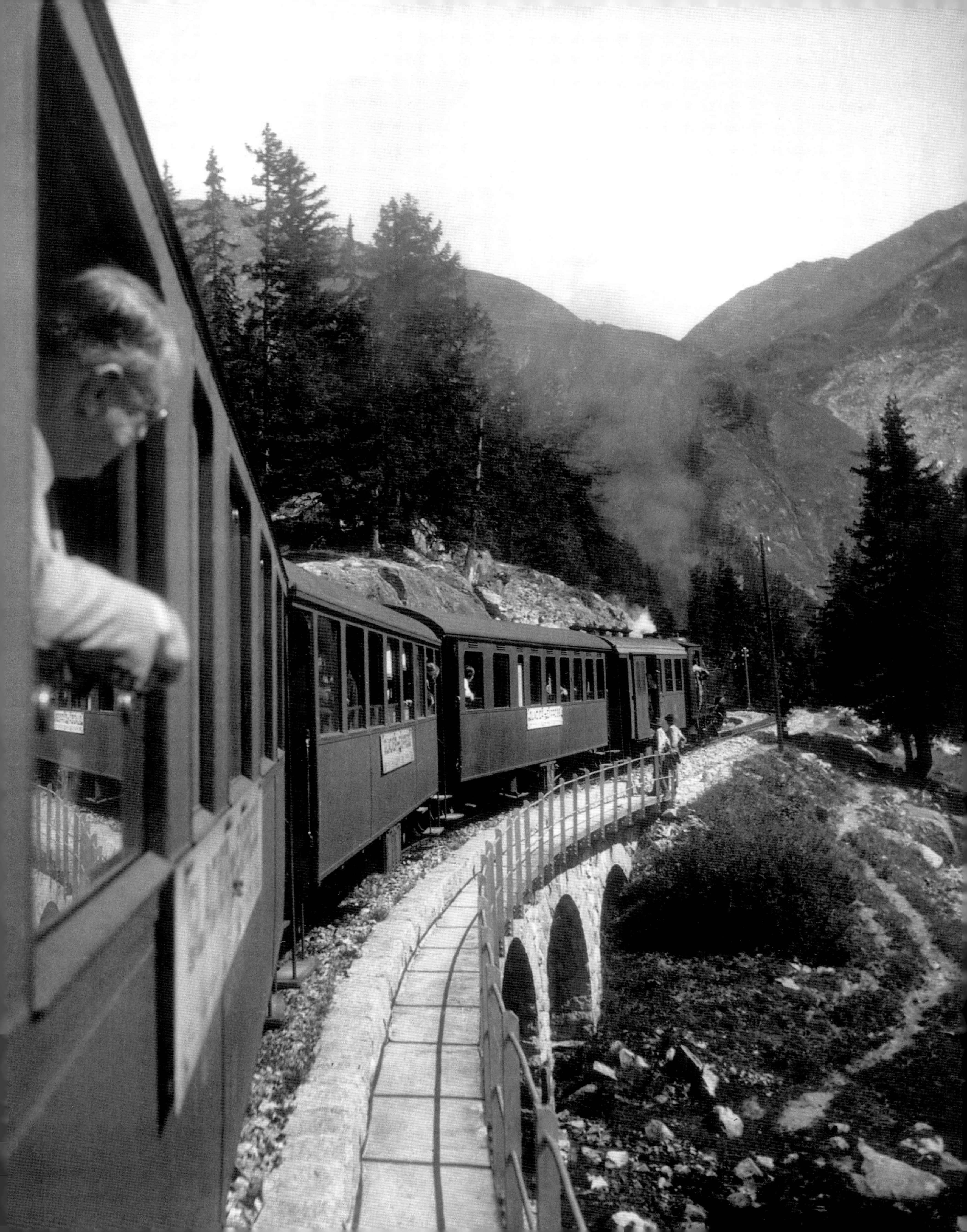

Einweihungsfeier für den durchgehenden Betrieb von Brig bis nach Disentis am 3. Juli 1926 mit Damen in Walliser Trachten (oben). Der Bischof von Sitten, der die Bahn einsegnete, durfte an diesem bedeutenden Tag in Gletsch nicht fehlen (unten).

Der dampfgeführte Glacier Express verlässt gerade Gletsch und nimmt die Rampe zum Furkatunnel in Angriff. Dahinter das bekannte Hotel Glacier du Rhône. Der erste zweiachsige Wagen mit kleinem Personen- und Gepäckabteil dient dem lokalen Verkehr.

Folgende Doppelseite: Blick in den gewaltigen Talkessel von Gletsch mit der beeindruckenden Eismasse des damals noch viel weiter nach unten reichenden Rhonegletschers. Wegen seiner touristischen Bedeutung sind die Gleisanlagen grosszügiger ausgebaut. Zwei Wasserkräne sorgen für genügend Vorrat für die Dampfrösser. Interessanterweise steht das Aufnahmegebäude am gegenüberliegenden Rottenufer und ist über eine Brücke mit den Gleisanlagen verbunden. Ganz links am Bildrand die Stallungen und Unterkünfte für Mensch und Tier aus der Zeit der Kutschen und Säumer.

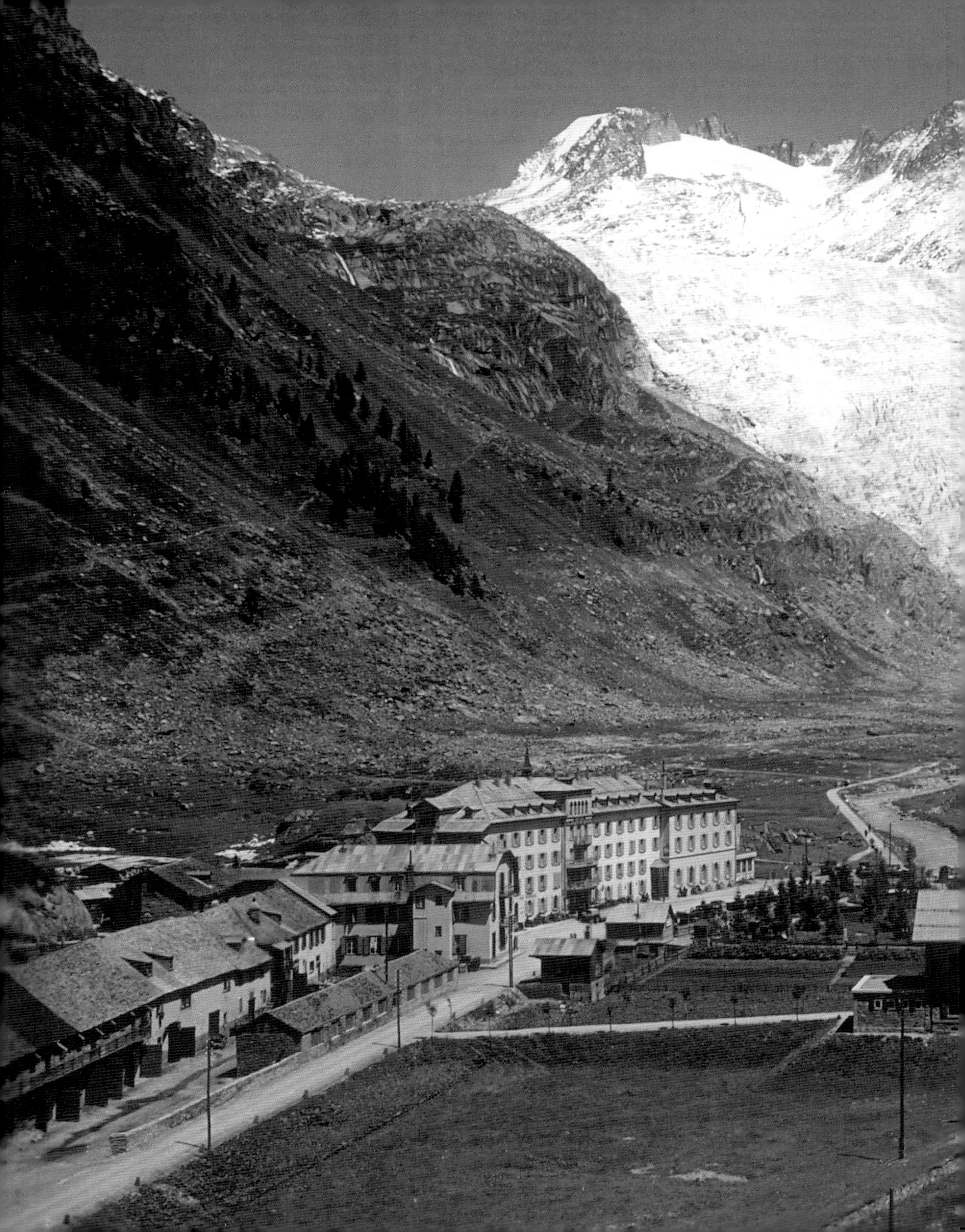

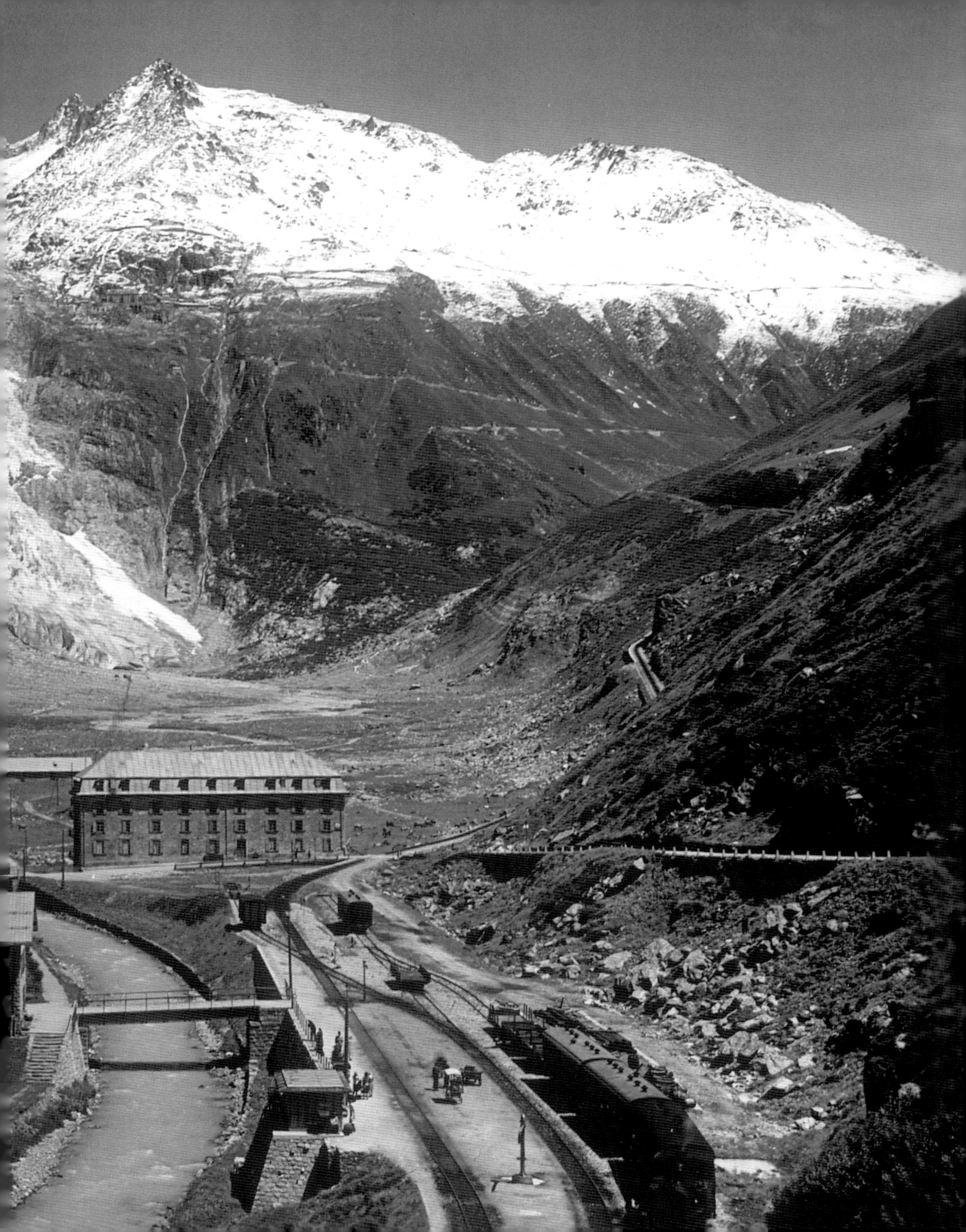

Über Furka- und Oberalppass

Gletsch–Andermatt–Disentis und Schöllenen

Der Rhonegletscher, der zur Zeit des Bahnbaus fast bis zur alten Passsiedlung Gletsch reichte, dominiert noch immer den imposanten Talkessel, auch wenn er sich in den letzten dreissig Jahren markant zurückgezogen hat. Ihm verdankt der Glacier Express auch seinen Namen. Weiter oben in der baumlosen Tundralandschaft haben die Fotografen von früher den Zug mitsamt Gletscher auf unzähligen Aufnahmen verewigt.

Nach dem Aufstieg verschwindet das Gleis bei der Ausweichstelle Muttbach-Belvédère in den 1874 Meter langen Scheiteltunnel. Auf der anderen Seite, im Kanton Uri, beginnt der lange Abstieg durch das Tal der Furkareuss nach Realp. Dabei befährt der Zug die zusammenklappbare Steffenbachbrücke, die auch noch in der heutigen Zeit jedes Jahr im Herbst auf ihre Widerlager zurückgezogen wird, um den Lawinen über den Winter freie Bahn zu lassen.

Realp, am Ostportal des Furka-Basistunnels gelegen, ist auch Betriebsmittelpunkt des Vereins Dampfbahn Furka-Bergstrecke (DFB). Hunderte von Freiwilligen machen es heute Jahr für Jahr möglich, mit restaurierten Dampfzügen auf der 1982 eingestellten Linie wieder nach Gletsch zu fahren – eine wahre Meisterleistung!

Das Urseren, wie das Verbindungstal zwischen Furka- und Oberalppass genannt wird, durchfährt die Bahn in seiner ganzen Länge. Nach Hospental erreicht der Zug bald Andermatt, den eigentlichen Knotenpunkt der Region. Die Reuss findet hier ihren natürlichen Ausgang durch die Schöllenen. Durch diese atemberaubende Schlucht wurde 1914 eine Zahnradbahn von Göschenen an der Gotthardlinie nach Andermatt eröffnet. Dieses mit 179 Promille angelegte Trassee ist viel steiler als die Bahn von Brig nach Disentis und wurde von Anfang an elektrisch betrieben. 1941 erfolgte die Fusion mit der damaligen Furka–Oberalp-Bahn (FO); sie ist das Bindeglied zur Gotthardbahn.

Gleich nach Andermatt beginnt der Zahnrad-Aufstieg zum Oberalppass. Dabei wird der Hang des Nätschen viermal gequert, bevor der Zug in das Hochtal zum eigentlichen Pass einmünden kann. Wenn der Zug den tiefblauen Oberalpsee entlangfährt, hat er den höchsten Punkt seiner Reise auf 2033 Meter über Meer erreicht. Nach einem kurzen Tunnel fährt er mit 110 Promille abwärts. Nun liegt das Gleis auf Bündner Kantonsgebiet, und die kleinen Bäche schicken ihre Wasser zum Vorderrhein, der in einer Mulde südlich des Passgebietes am Lai da Tuma entspringt. Der Glacier Express hat am Oberalppass nicht nur eine Kantons- und Wasserscheide, sondern auch eine Sprachgrenze überfahren, denn hier in der Surselva (Bündner Oberland) wird das Rätoromanische gesprochen.

Unter der ersten Ausweichstelle grüssen die beiden Dörfchen Tschamut und Selva. Langsam nähert sich der Zug dem Talboden. Durch eine Talenge erreicht er nun die Talmulde mit der Grossgemeinde Tujetsch. Verschiedene schöne Viadukte und Brücken überspannen unter anderem die Seitentäler Val Giuv, Val Milav und Val Bugnei. Nach dem Halt im Hauptort Sedrun verengt sich das Tal erneut. Der linken Tallehne folgend geht es im Adhäsionsbetrieb mässig abwärts. Und dann staunt der Reisende: Irgendwie scheint sich die Szenerie von oben bei der Einfahrt ins Tujetsch zu wiederholen. Wieder ist das Tal eng, wieder ein Einschnitt und wieder eine Linkskurve, wieder öffnet sich rechter Hand ein Talkessel, diesmal derjenige von Disentis, mit seinen weit verstreuten Dörfern.

Weit unten beim mächtigen Barockbau des Klosters ist auch schon der Bahnhof zu sehen. Um ihn zu erreichen, muss nach Segnas nochmals die Zahnstange zu Hilfe genommen werden. Kaum glaubt man, ihn erreicht zu haben, verschwindet der Zug im Tunnel und unterfährt das Dorf in einem weiten Bogen, ehe er in dem von der Rhätischen Bahn betriebenen Bahnhof einfährt.

Auch heute noch ist das Hotel Belvédère, das hoch über dem Talkessel von Gletsch thront und unmittelbar neben dem Eisgewirr des Rhonegletschers liegt, ein bedeutender touristischer Anziehungspunkt in der Region.

Der Gletscher, der dem Zug seinen Namen gab: Immer und immer wieder wurde der Glacier Express vor dem Rhonegletscher fotografiert, und trotzdem hat die ganze Szenerie etwas Unwirkliches behalten.

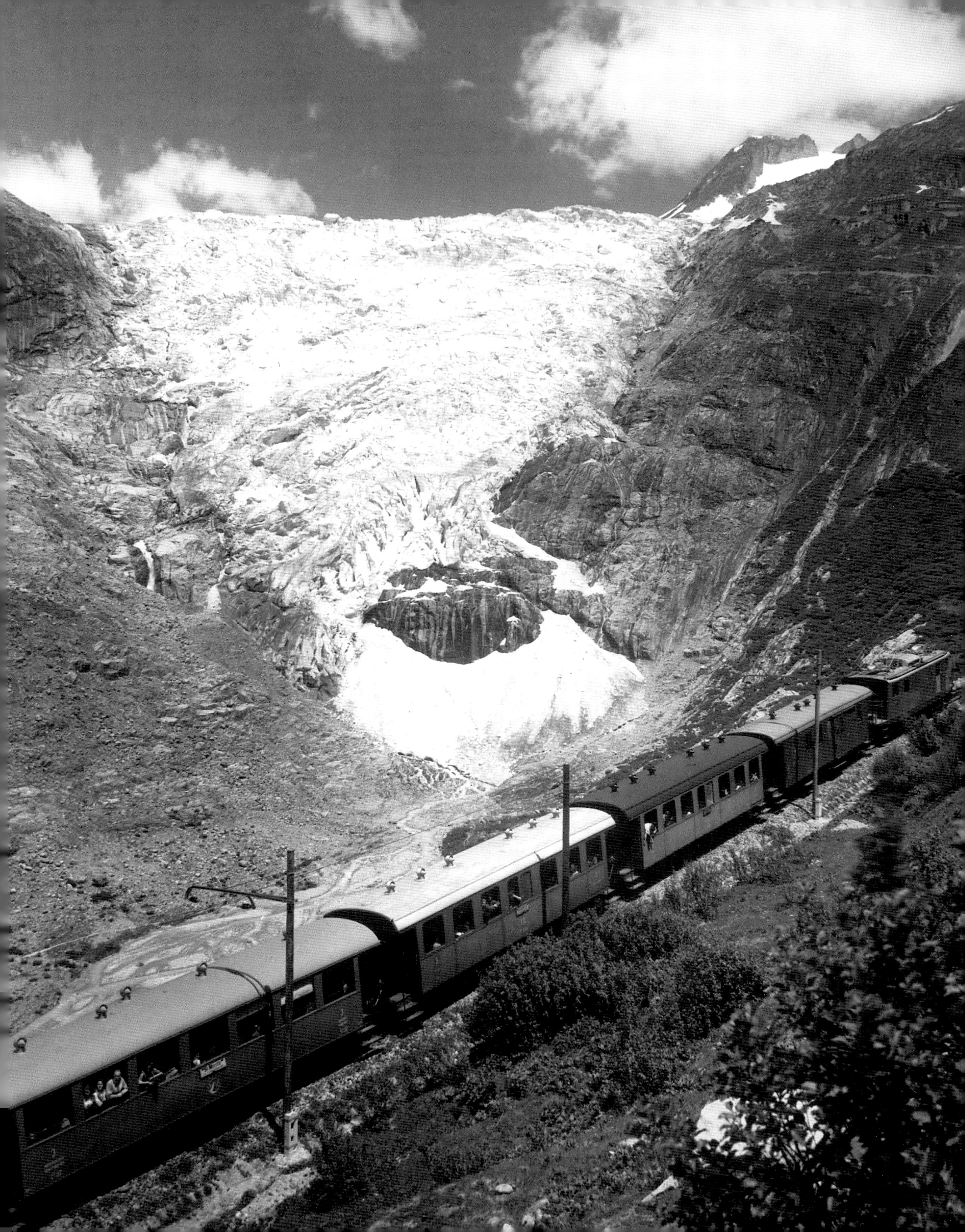

Die Furkastrecke zwischen Oberwald und Realp war nur während rund vier Monaten im Jahr befahrbar. Das Gelände der Station Muttbach-Belvédère wurde jährlich von mehreren Lawinenzügen meterhoch verschüttet. Vor der Betriebsaufnahme im Juni musste das Trassee in Handarbeit und mit Schlitten dem harten Schnee abgerungen werden.

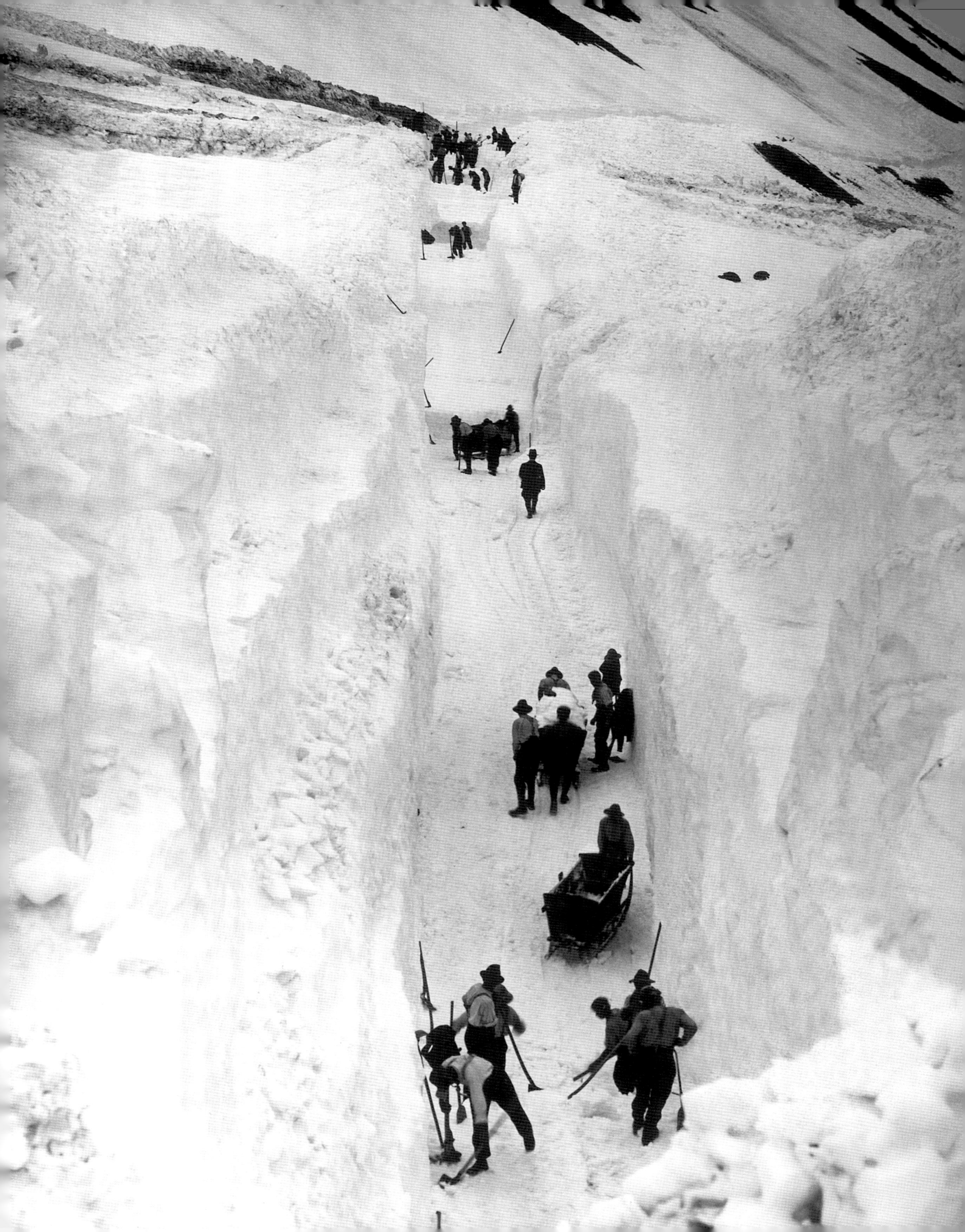

In Muttbach schmolz der Schnee in manchen Jahren nicht vollständig weg. Das Portal des Furkatunnels wurde während der kalten Jahreszeit verschlossen. Für den Jungen war es sicher ein bleibendes Erlebnis, den Vater auf seiner Fototour zu begleiten.

Was versteckt sich hier unter dem Schnee? Das Gemäuer mit der Jahreszahl 1925 auf der rechten Seite ist der oberste Teil des oben abgebildeten Tunnelportals.

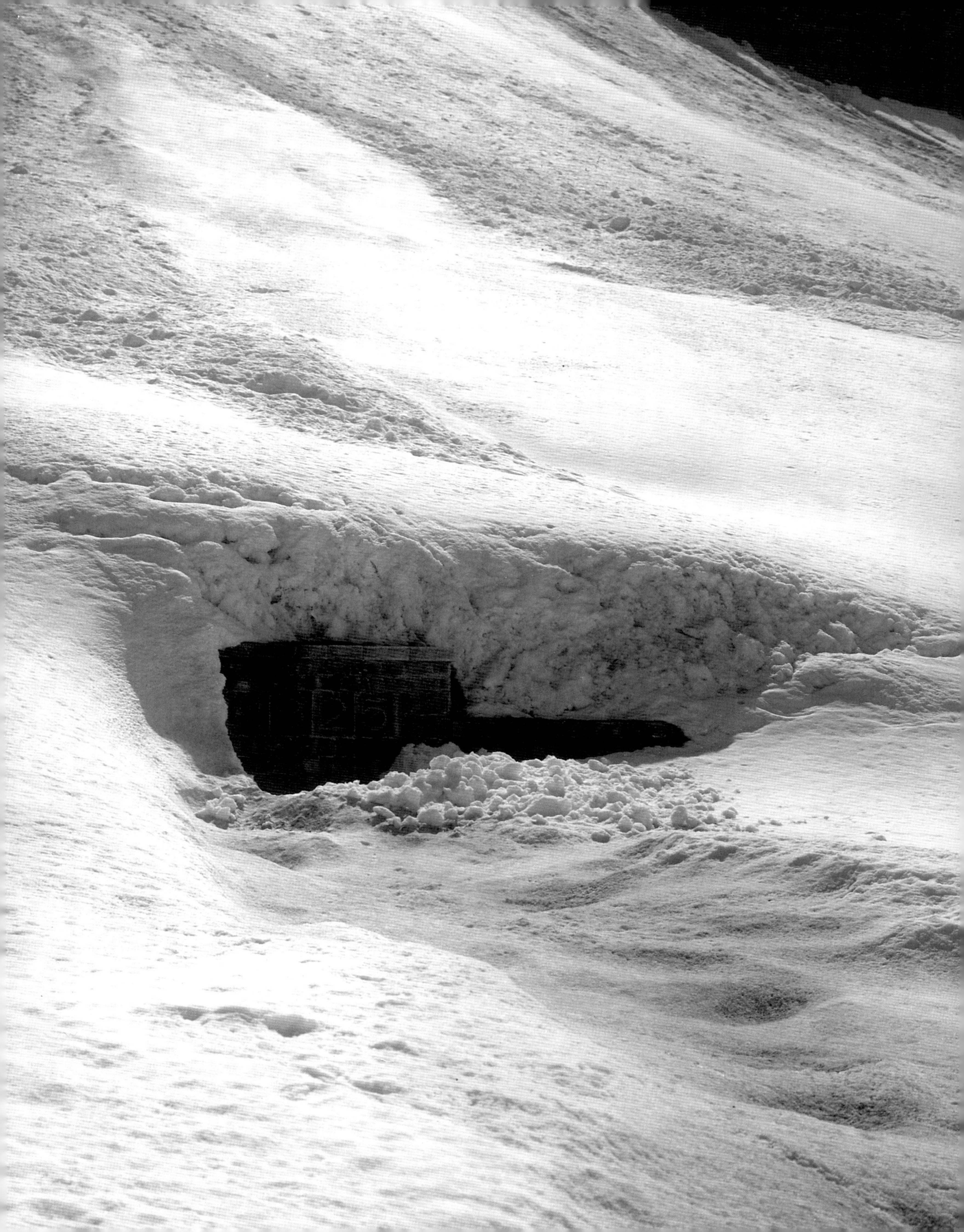

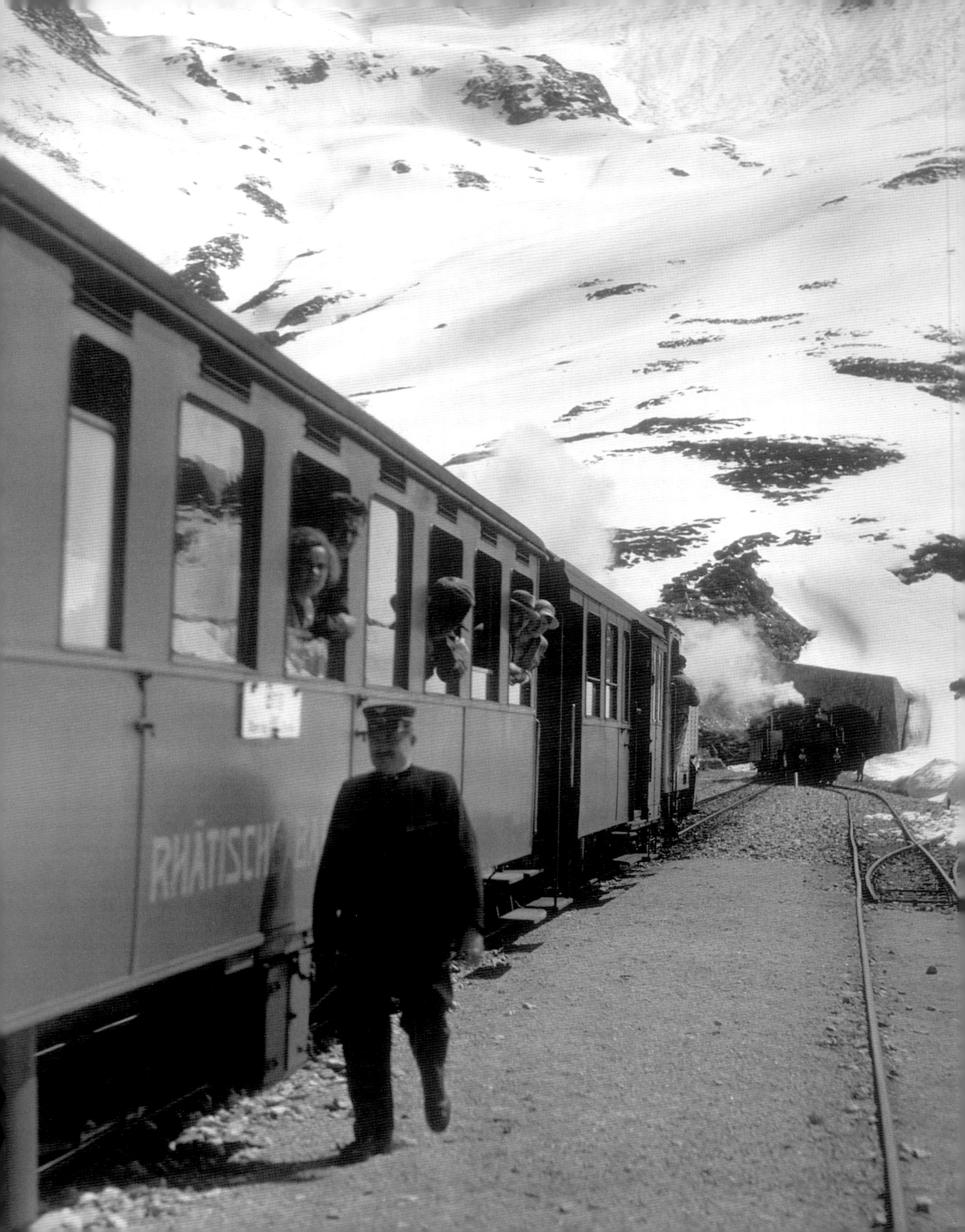
RHÄTISCH

Kreuzung zweier Züge in der Station Furka auf der Urner Seite. Gerade fährt ein Zug aus dem Furkatunnel. Die Fahrgäste im Glacier Express scheinen sich mehr für den Fotografen oder den Kondukteur zu interessieren (linke Seite).

Ein Unikum ist die abbaubare Steffenbachbrücke. Mit Winden und Muskelkraft werden die einzelnen Träger im Herbst auf die Widerlager zurückgezogen. So haben die Lawinen im Winter freie Bahn, eine Zerstörung der Brücke wird vermieden.

Nachdem der hier gebaute Steinviadukt bereits im ersten Winter den Lawinen zum Opfer fiel, ohne dass jemals ein Zug darüber gefahren war, musste sich die Bahnverwaltung für die Steffenbachbrücke eine Alternative überlegen. Die Wahl fiel auf eine Klappbrücke, die 1925 von der Firma Theodor Bell in Kriens geliefert wurde. Auf die erste Fahrsaison im Sommer 1926 wurde sie erstmals aufgebaut. Links zieht eine HGe 4/4 ihren Zug bergwärts, während auf dem Bild rechts die HG 3/4 Nr. 8 talwärts fährt.

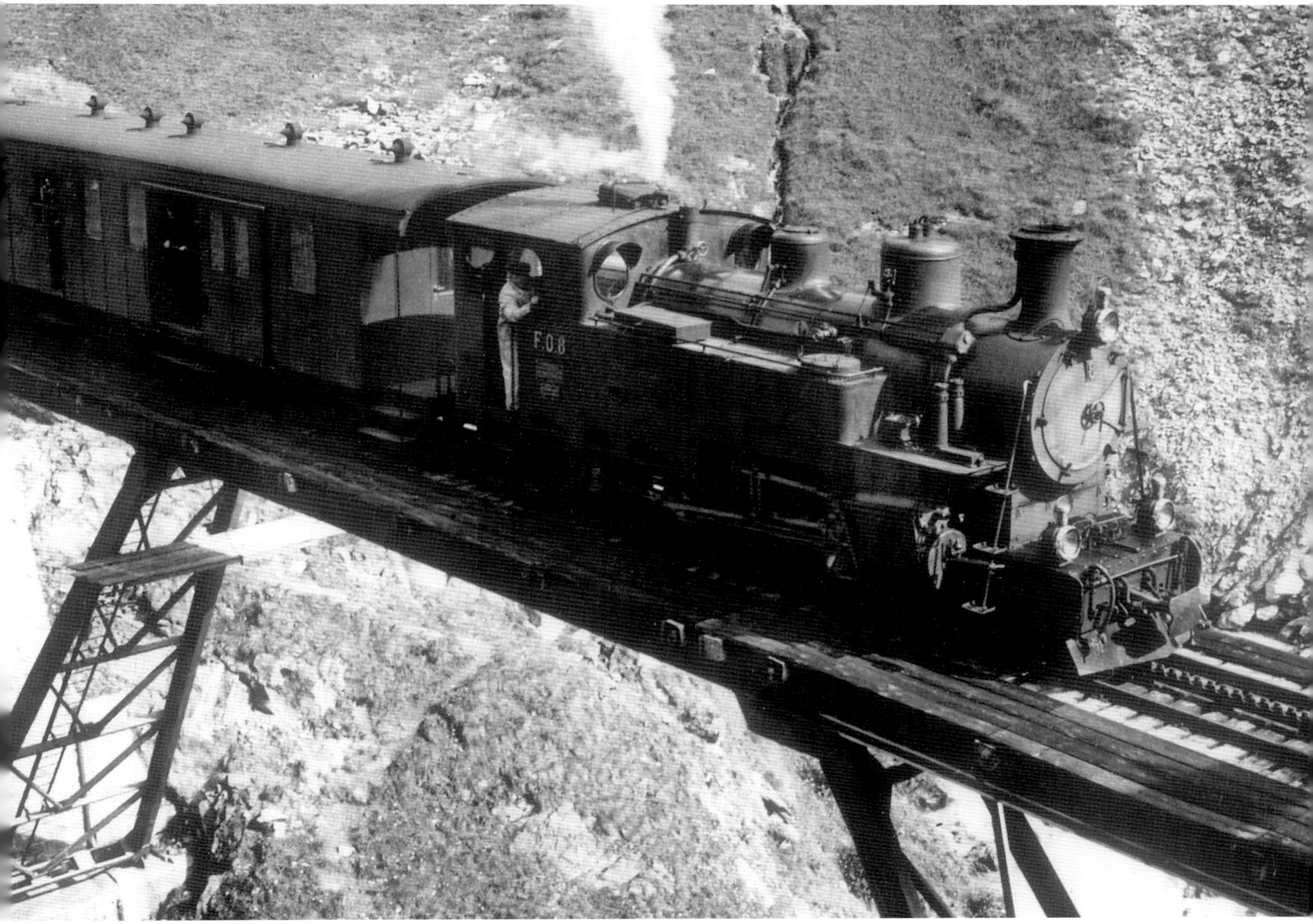
F.O 8

Bei den drei Tunnels von Alt Senntumstafel türmt sich der hart gepresste Lawinenschnee Jahr für Jahr meterhoch. Oben kontrolliert der Streckenwärter zwischen den Schneemauern das Gleis auf allfällige Schäden. Rechts fräst die elektrische Schneeschleuder einen Kanal.

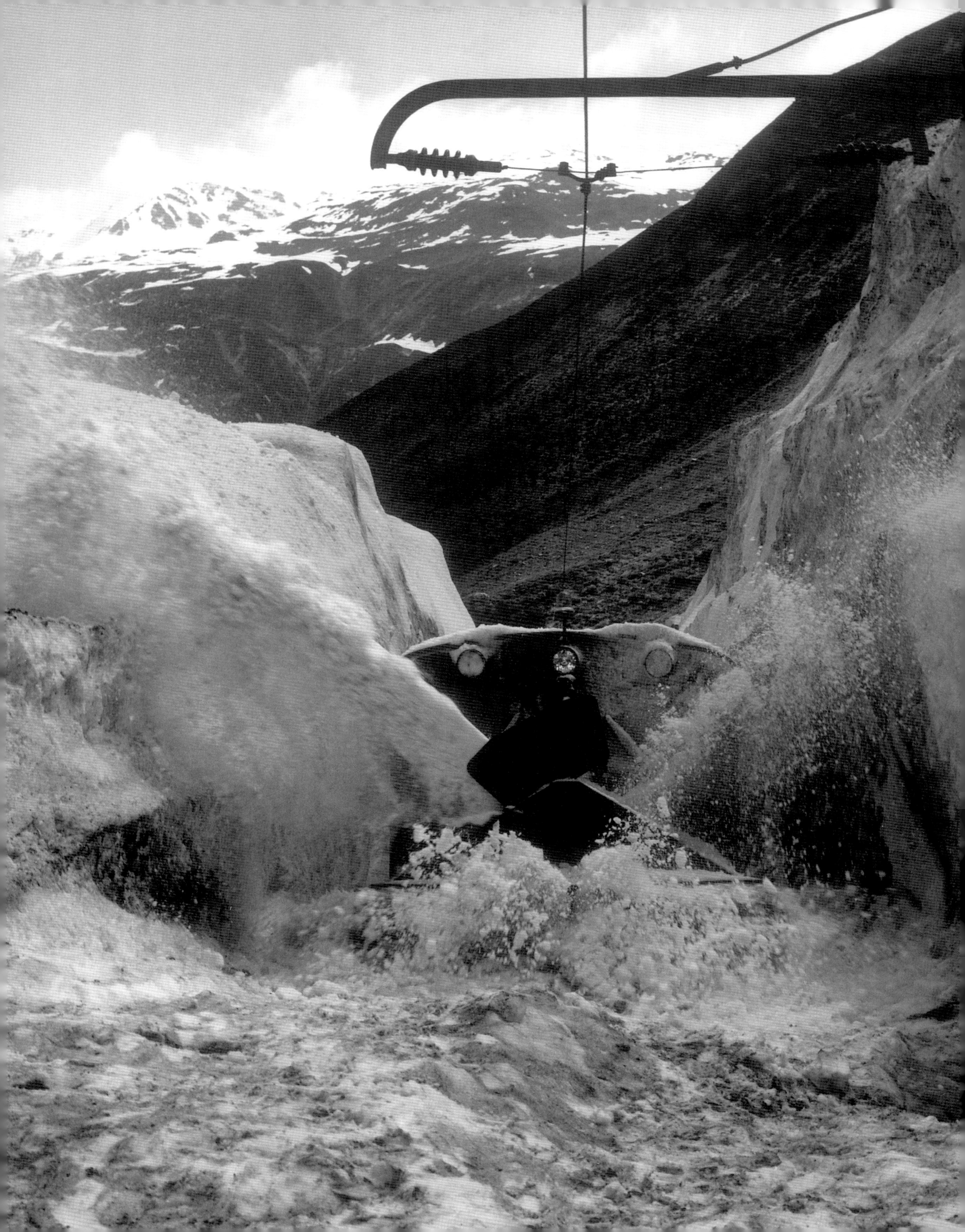

Ganz hinten im Urserental liegt die Ortschaft Realp. Sie ist mit 1538 Meter über Meer die höchstgelegene Gemeinde des Kantons Uri. Schon 1420 ist reger Saumverkehr dokumentiert, und im November 1779 kehrte Goethe im Kapuzinerhospiz ein.

Fast dreissig Jahre führte der prächtige Wilerviadukt oberhalb von Realp die Züge der Furka–Oberalp-Bahn über die Furkareuss. Nach dem Einsturz eines Mittelpfeilers am 10. Mai 1955 wegen Unterspülung durch den Wildbach musste die formschöne Brücke durch ein modernes Bauwerk ersetzt werden.

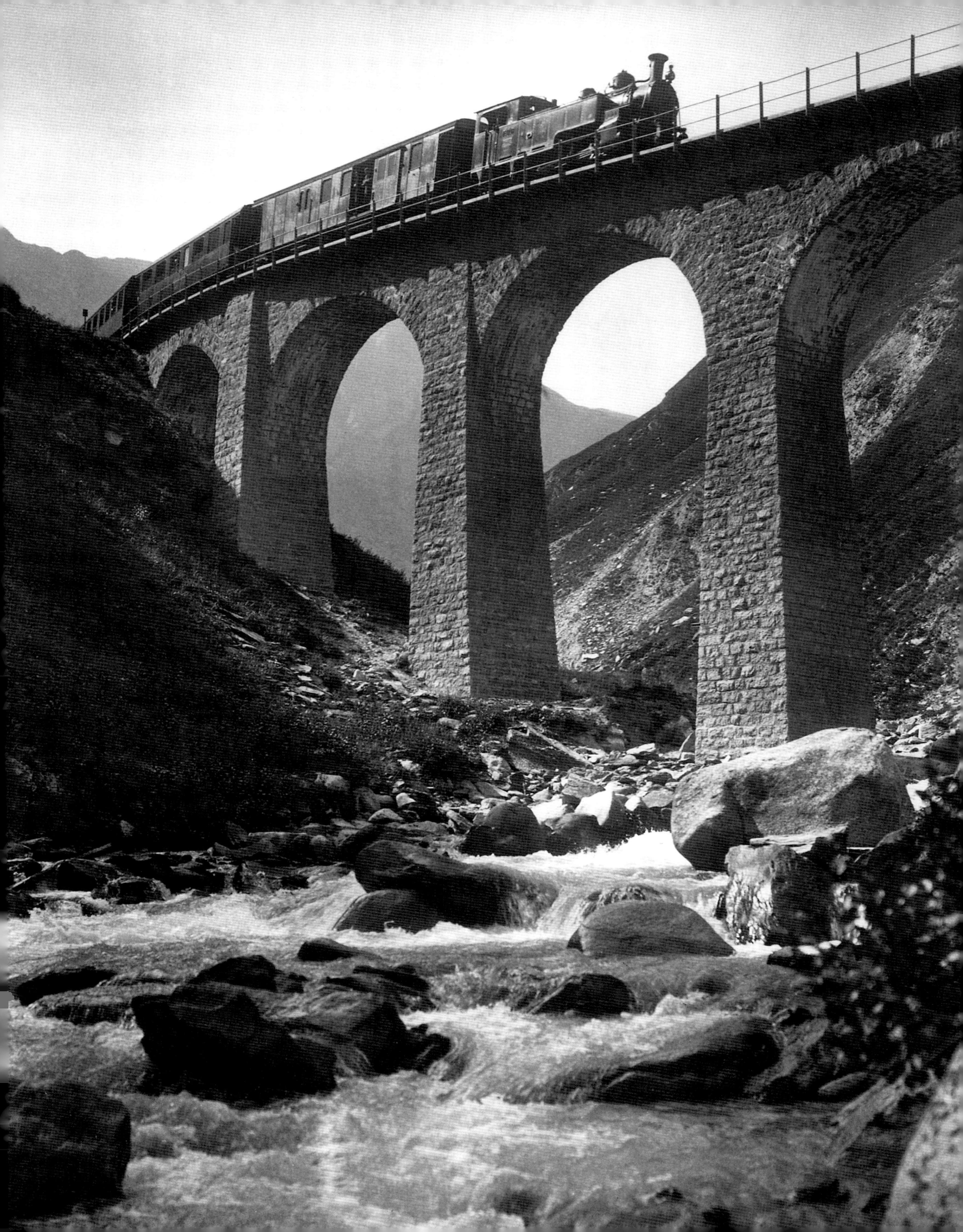

Die Richlerenbrücke über die Furkareuss bei Hospental garantiert einzigartige Motive. Blick gegen den Oberalppass; der Glacier Express fährt Richtung Realp.

Beachtenswert ist dieser Zug im Bahnhof Andermatt wegen der beiden Speisewagen der RhB, die mit «Mitropa», der gesamtdeutschen Speisewagengesellschaft, beschriftet sind. Die Aufnahme muss während des Zweiten Weltkriegs entstanden sein, weil der Zug einerseits elektrisch geführt wird (die Elektrifizierung erfolgte 1941) und sich andererseits die Mitropa in den Nachkriegsjahren aus dem schweizerischen Speisewagengeschäft zurückgezogen hat.

Andermatt ist der «Hauptbahnhof» des östlichen Streckenteils der Furka–Oberalp-Bahn und besitzt entsprechende Gleis- und Publikumsanlagen. Interessant auf der Aufnahme von 1928 ist die teilweise Überdeckung der Gleisanlage, wie sie bis 1965 bestanden hat. Die abgestellten Wagen gehören der damals noch selbständigen Schöllenenbahn (oben). Die enge Stelle beim Urner Loch am oberen Eingang zur Schöllenen wird gerade von einem bergwärts fahrenden Zug passiert (unten).

Die rechte Seite zeigt einen kurzen Zug auf dem Bruggwaldbodenviadukt. Im Vordergrund führt die Teufelsbrücke über die Reuss.

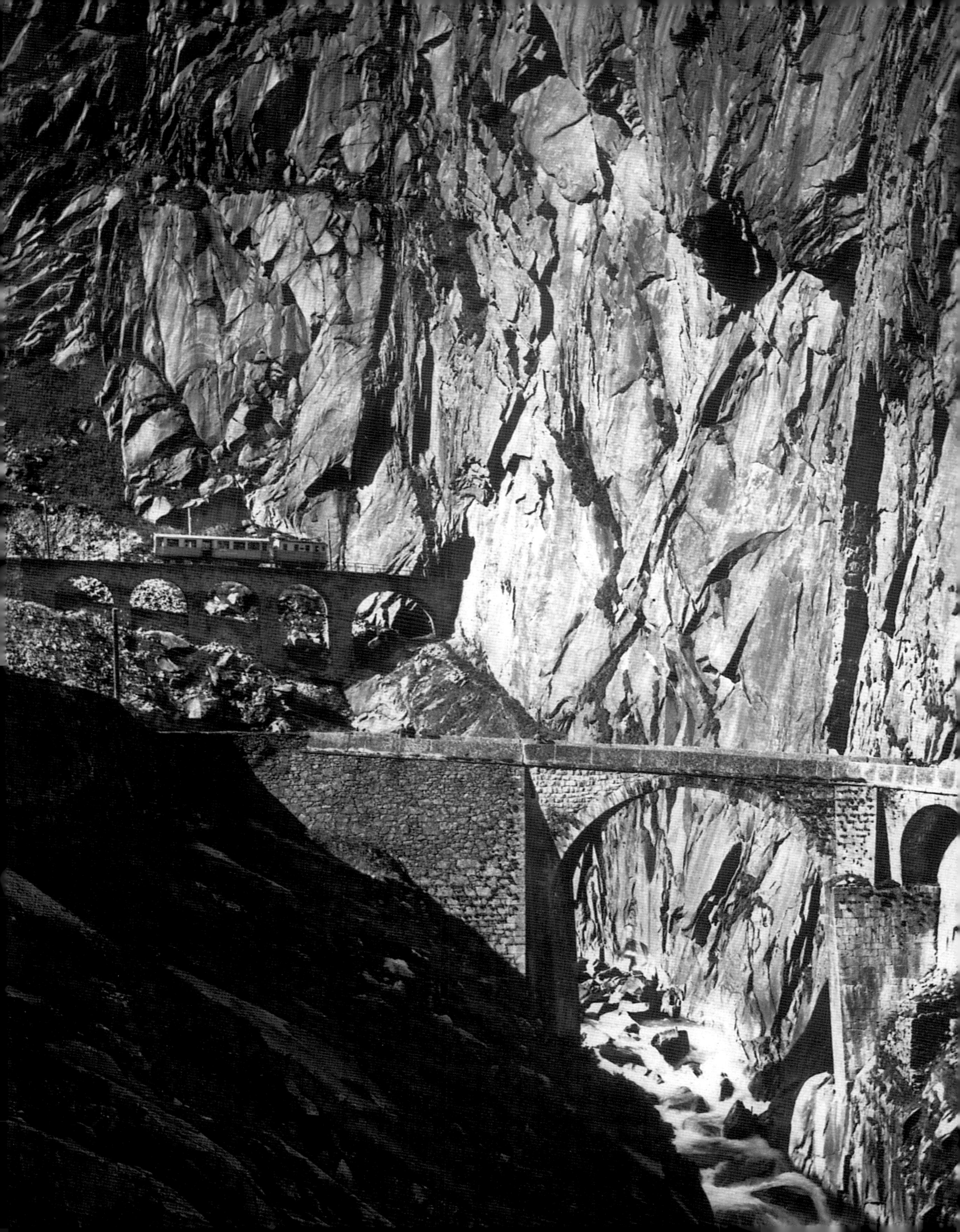

Blick auf die Schöllenenschlucht vor 1940. In der Bildmitte die Teufelsbrücke und die alte Fahrstrasse, im Hintergrund die Bahn mit dem Bruggwaldbodenviadukt.

Der Bahnhof Göschenen nach der Elektrifizierung der Gotthardbahn um 1922. Links das markante Verwaltungs- und Werkstattgebäude der Schöllenenbahn-Gesellschaft. Der Zug besteht aus einer der vier HGe-2/2-Lokomotiven und zwei Personenwagen, der hintere mit Gepäckabteil.

Bis 1956 existierten in der Schweiz drei Wagenklassen. Die Furka–Oberalp-Bahn setzte nur im Glacier Express Erstklasswagen ein. Oberhalb von Andermatt kann man aus dem Wagenfenster einen Blick auf den Ort und das Urserental geniessen (oben). Konzentrierter Blick aus einer HGe 4/4 auf die Strecke (unten).

Der Personenzug mit einer HGe 4/4 hat Andermatt verlassen und nimmt die Schleifenfahrt Richtung Nätschen und Oberalppass unter die Räder. Die Aufnahme stammt aus dem Jahr 1955 (rechte Seite).

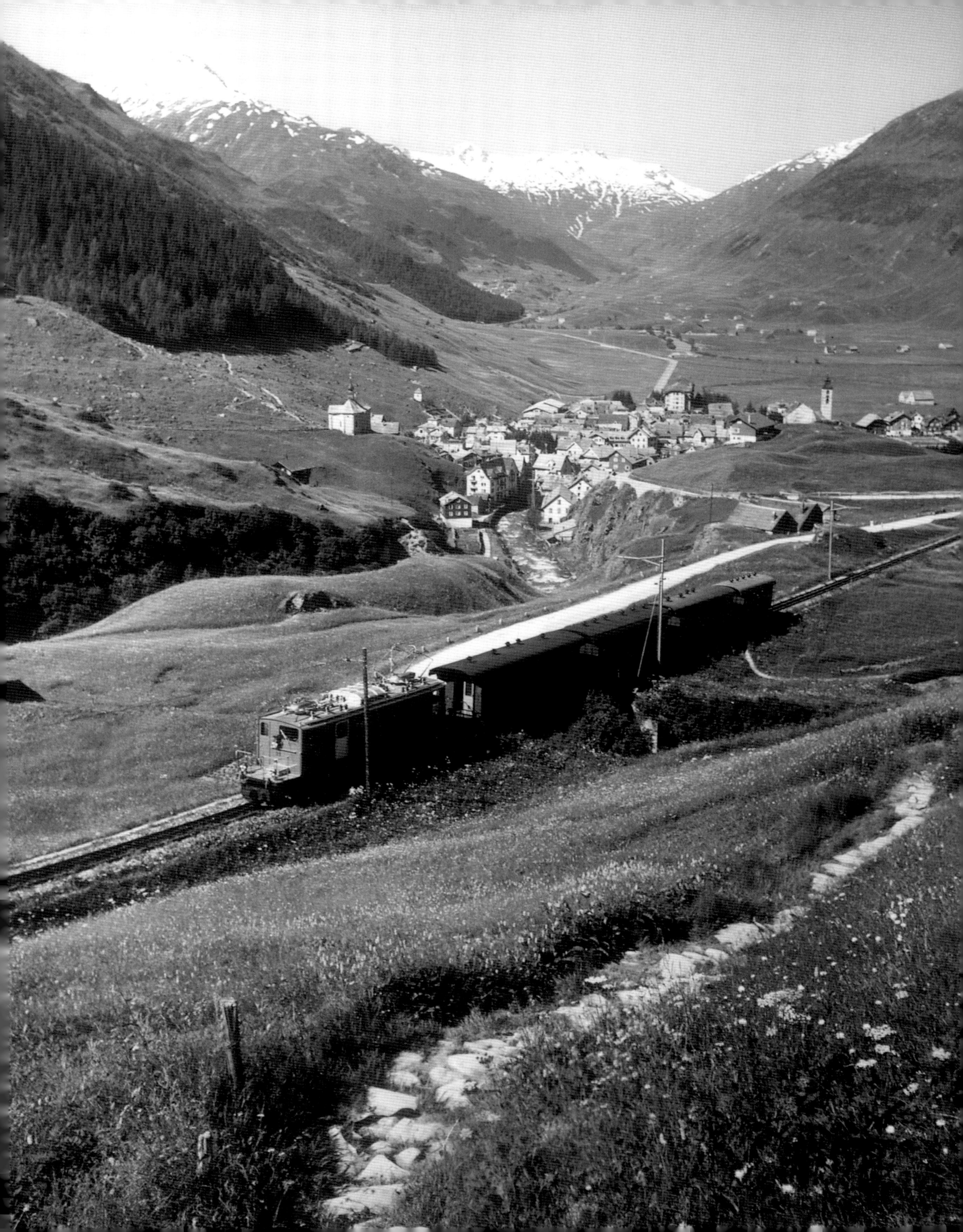

In Andermatt fuhren schon früh besondere Skifahrerzüge nach Nätschen hinauf. Hier schiebt eine HG ¾ ihren «Pendelzug» aus zwei Personenwagen und einem Ski-Vorstellwagen bergwärts. Beachtenswert ist der BCF4 31 der Schöllenenbahn. Weil er keine Dampfheizung besass, musste er im Bahnhof Andermatt an der Fahrleitung vorgeheizt werden, und deshalb hatte man ihm einen kleinen Stangenstromabnehmer aufs Dach gesetzt, damit der Heizstrom von 1200 Volt direkt vom Draht abgenommen werden konnte.

Schneepflugfahrt in den weiten Hängen des Nätschen oberhalb von Andermatt.

Folgende Doppelseite: Ein Dampfzug mit Skisportlern zieht in den frühen Dreissigerjahren seine Schleifen unterhalb der Station Nätschen. Bevor der durchgehende Winterbetrieb über den Oberalppass aufgenommen wurde, verkehrten nur spezielle Skizüge zwischen Andermatt und Nätschen.

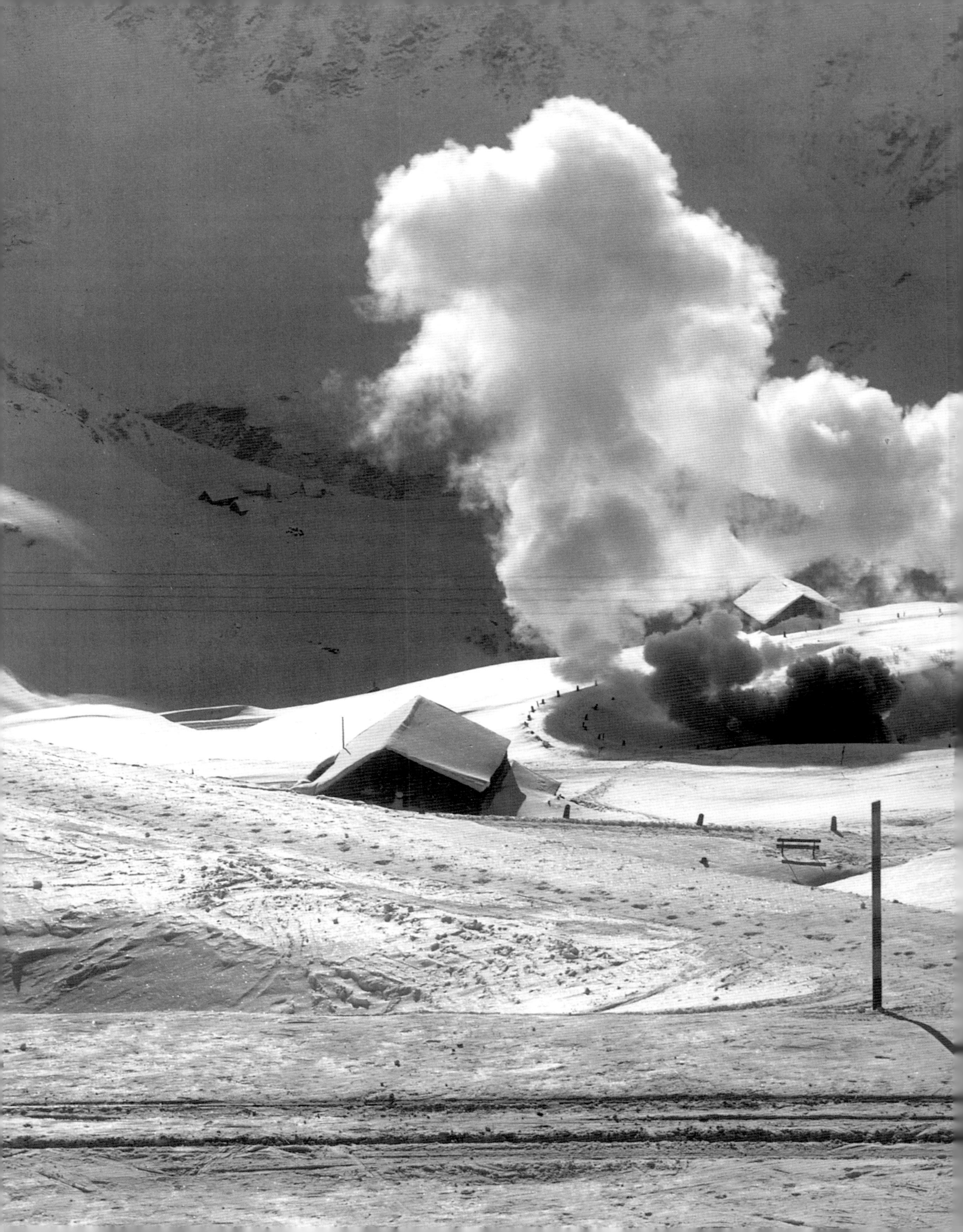

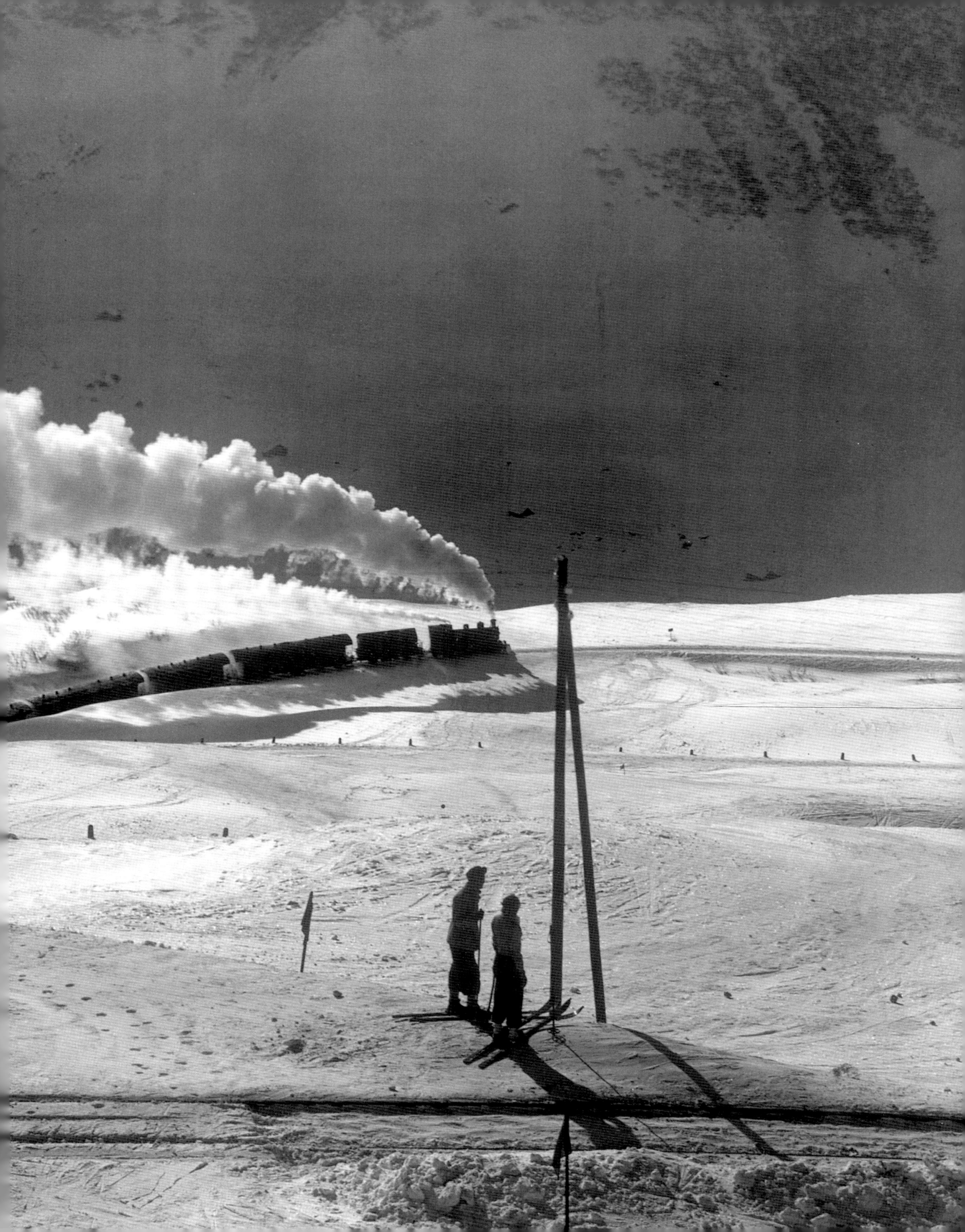

Der Glacier Express mit einer FO HGe 4/4 und RhB-Wagen bei Nätschen.

Die Rampe des Nätschen weist eine Steigung von 110 Promille auf und wird mit einer langen Zahnradstrecke überwunden: Blick ins Unteralptal (rechte Seite).

Folgende Doppelseite: Nach Kriegsende erlebte der Skitourismus einen markanten Aufschwung. Ein Skizug mit Triebwagen, Lokomotive und dazwischen eingereihten Plattformwagen entlässt die Sonnenhungrigen in den Schnee. Um 1955 steht noch das alte einfache Stationshäuschen von 1926, daneben ist aber bereits eine erste Gaststätte mit Sonnenterrasse entstanden.

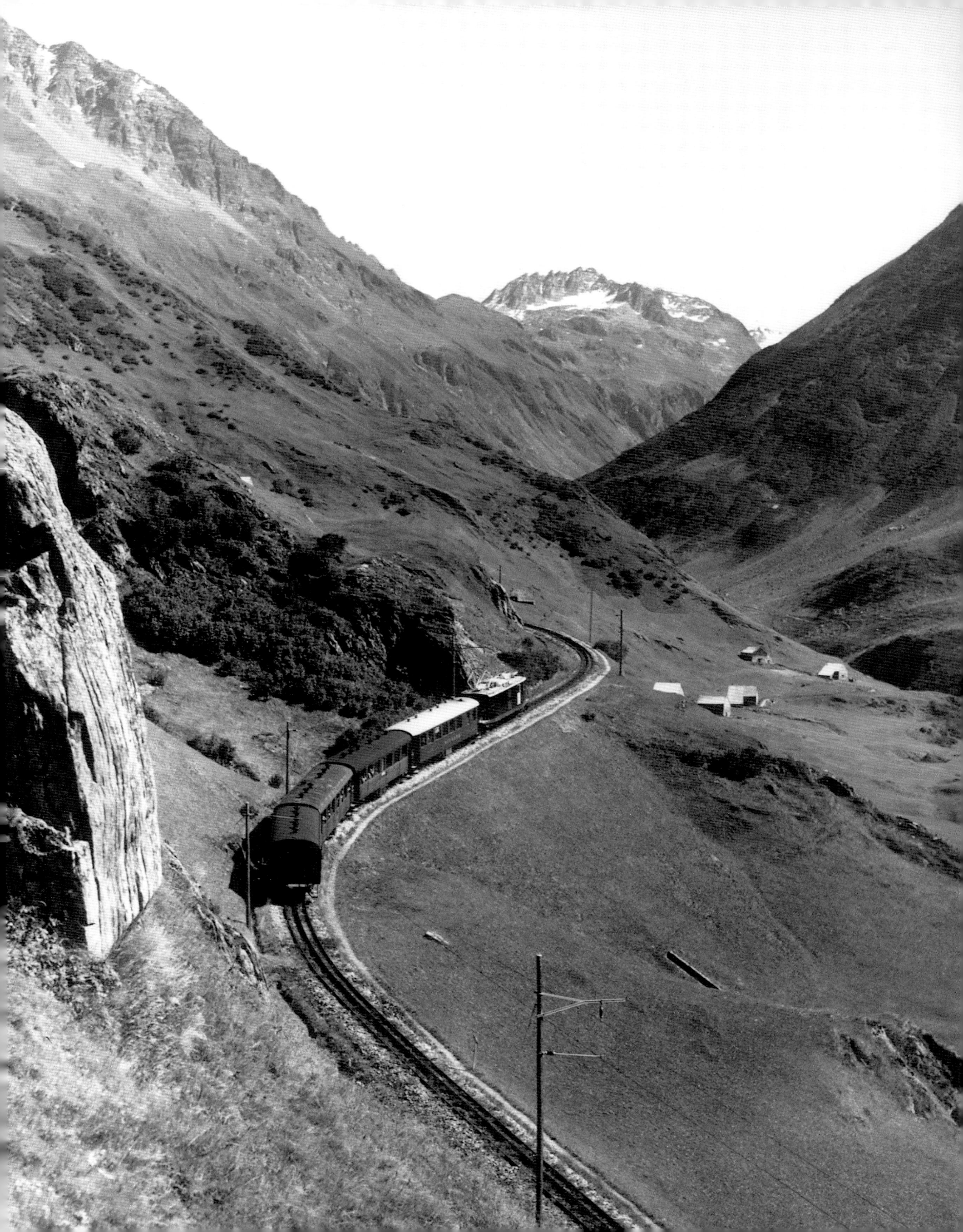

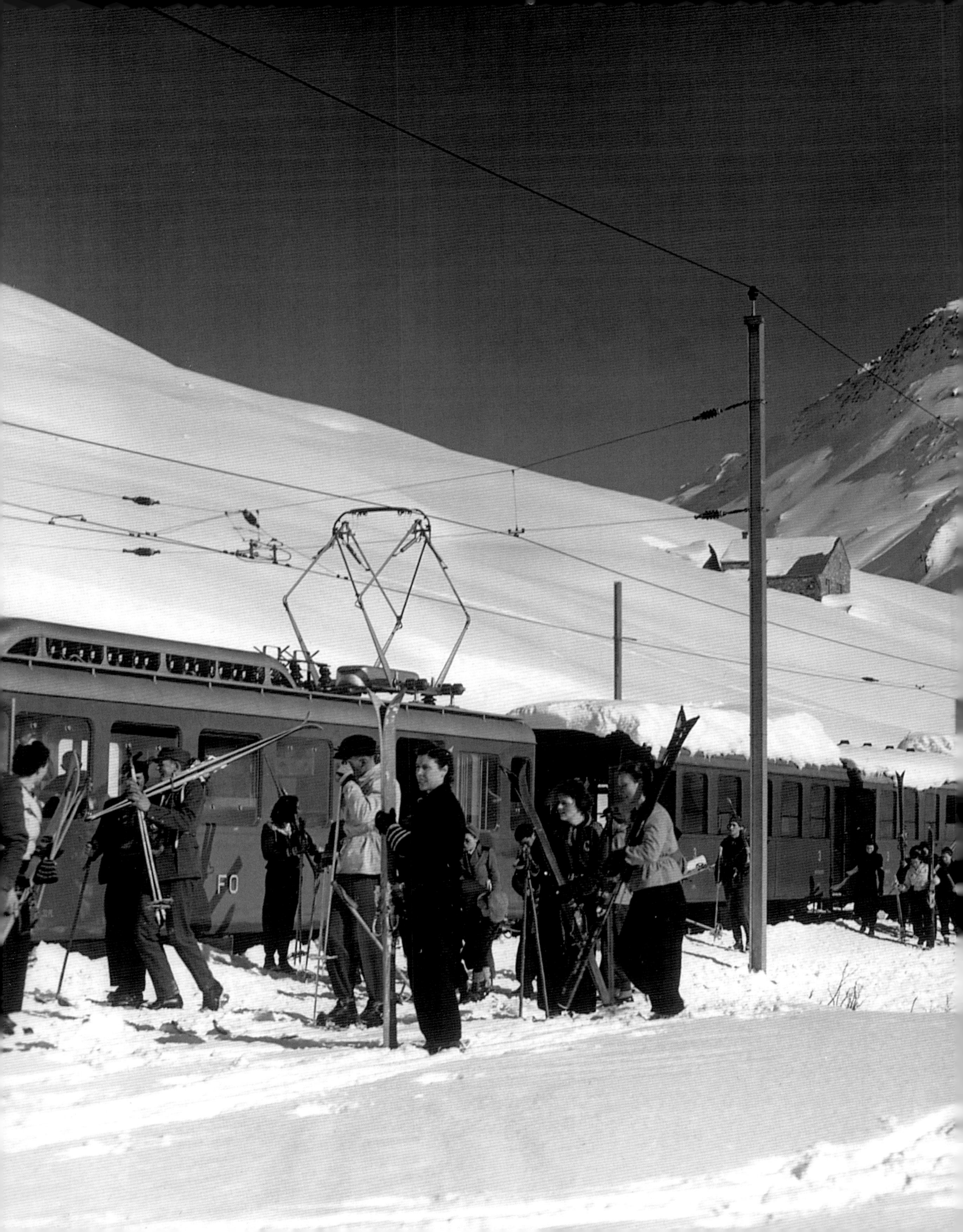
FO

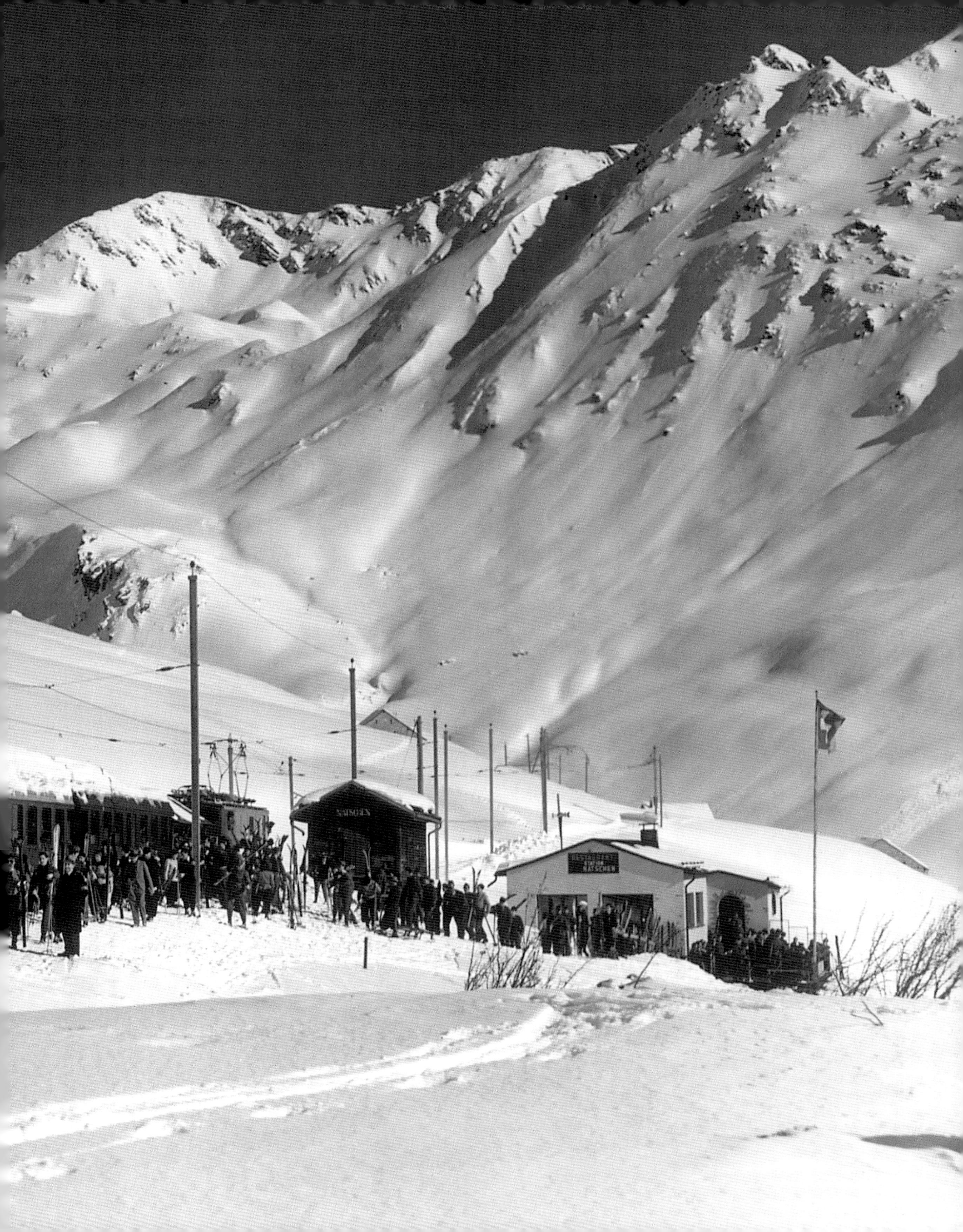

Kurzer Glacier Express bestehend aus einer HG¾, einem Personenwagen der Rhätischen Bahn und einem Gepäckwagen der Furka–Oberalp-Bahn beim Hotel in der Nähe der Station Oberalpsee, um 1930 (oben).

Das Hotel Oberalpsee wurde am 20. Januar 1951 durch eine Lawine vollständig zerstört. Bis heute ist es nicht mehr aufgebaut worden (unten).

An der Haltestelle Oberalpsee steigen Touristen aus dem Glacier Express aus. Die eigentliche Passhöhe liegt beim Barackendorf am hinteren Ende des Sees.

Folgende Doppelseite: Während der Elektrifizierung der Oberalpstrecke ergänzte man die Station Oberalpsee mit einem Rampen- und einem Anschlussgleis. Die Transportbahn im Vordergrund schlängelt sich vom Restaurant zur Baustelle für die Lawinengalerie (siehe Seite 112). Es fällt auf, dass die beiden Personenzüge noch mit Güterwagen ausgelastet sind.

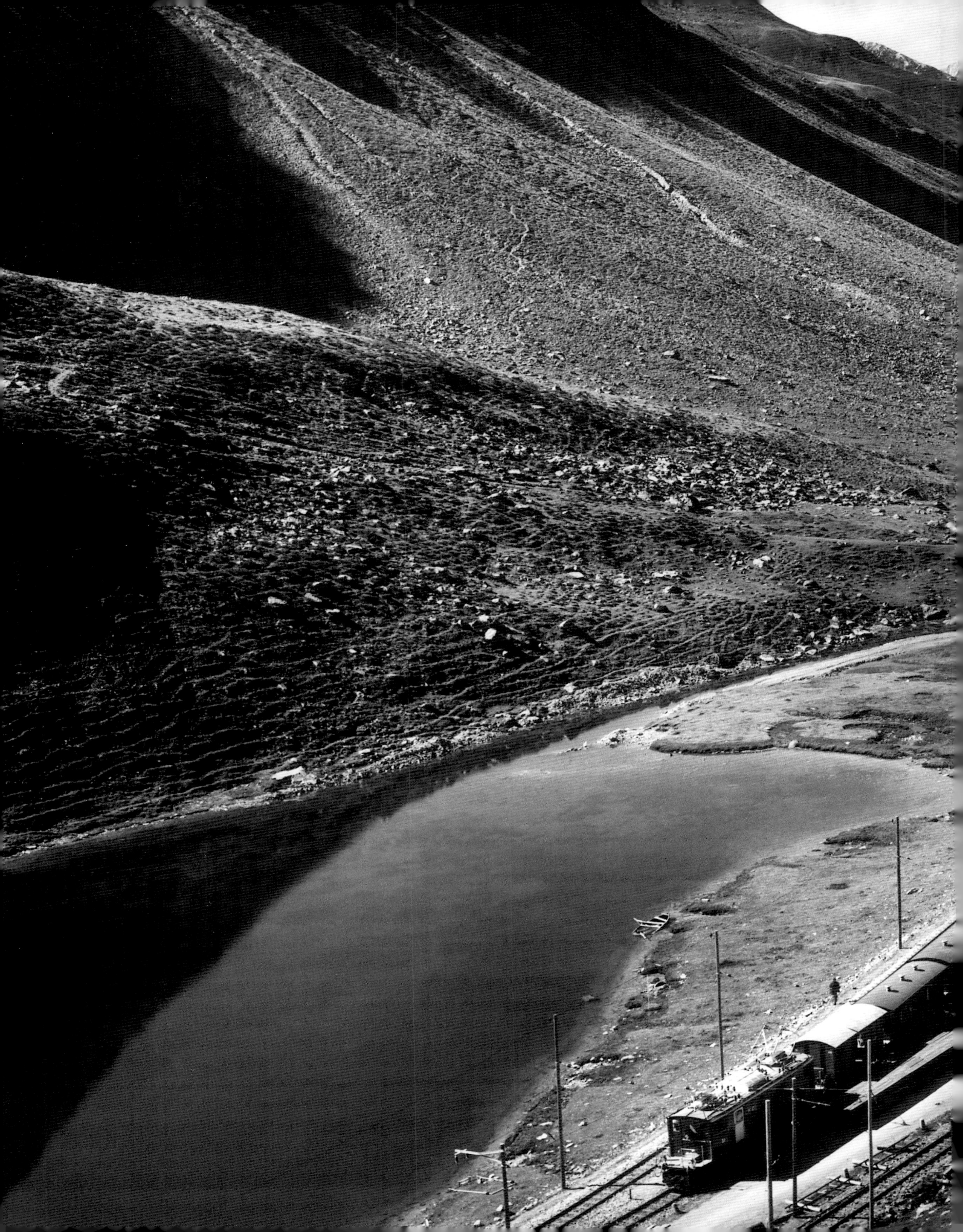

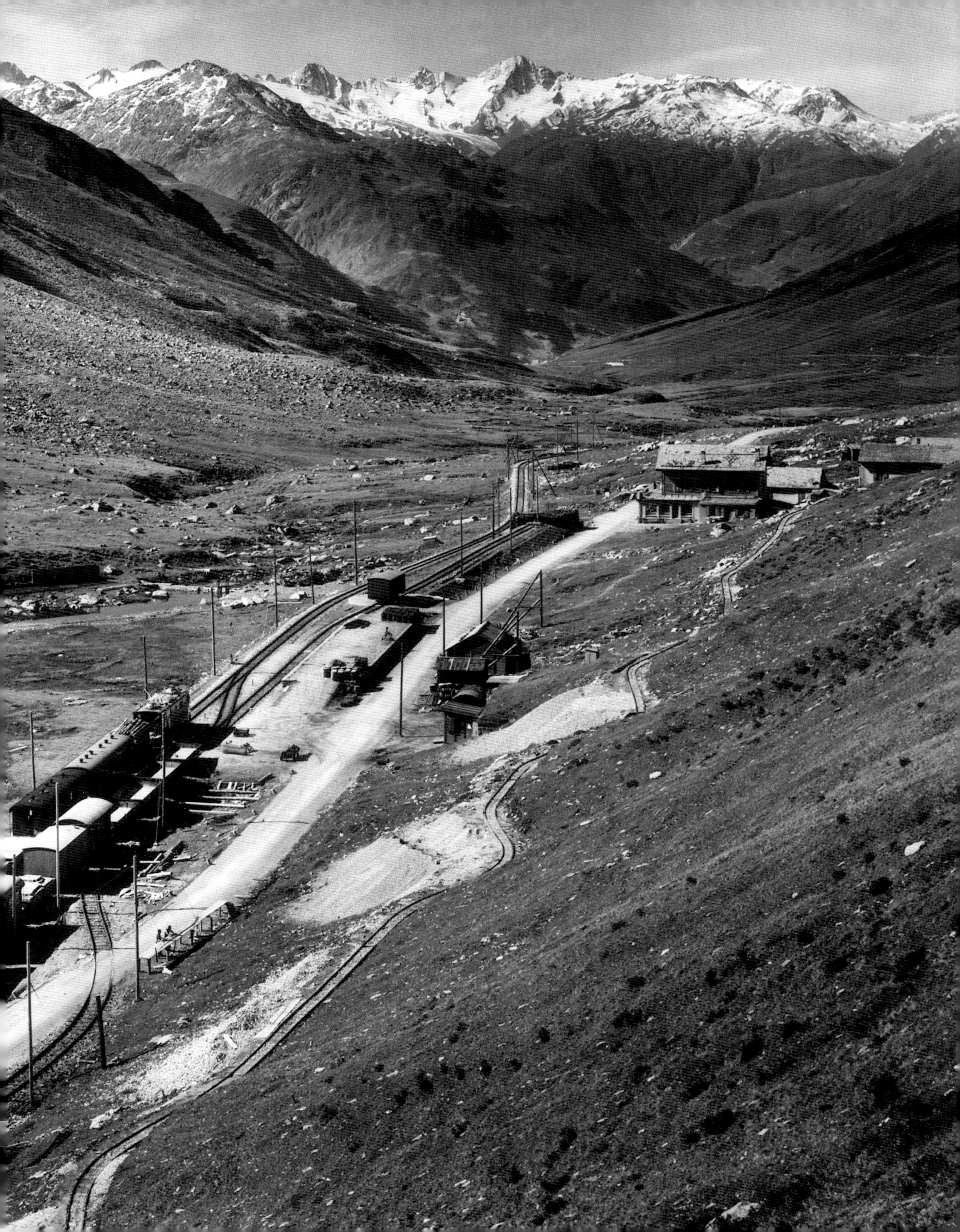

Um die Oberalpstrecke wintersicher zu betreiben, musste auf der Passhöhe eine 731 Meter lange Lawinengalerie erstellt werden. Die Gleise der Baubahn sind links unten ebenfalls sichtbar.

Auf der eigentlichen Passhöhe vor dem alten Restaurant hielten die Dampfzüge nur auf Verlangen. Heute wird dieser Streckenteil mit einem 227 Meter messenden Scheiteltunnel unterfahren.

Nach einer längeren Fahrt durch Galerien und Tunnels entlang dem Calmothang fährt der Zug über den Val-Val-Viadukt und wird gleich die Haltestelle Tschamut-Selva erreichen.

Der ABFe 2/4 Nr. 43 unmittelbar unter der Oberalp-Passhöhe auf der Bündner Seite. Die beiden Lamellen der Abt-Zahnstange sind gut erkennbar.

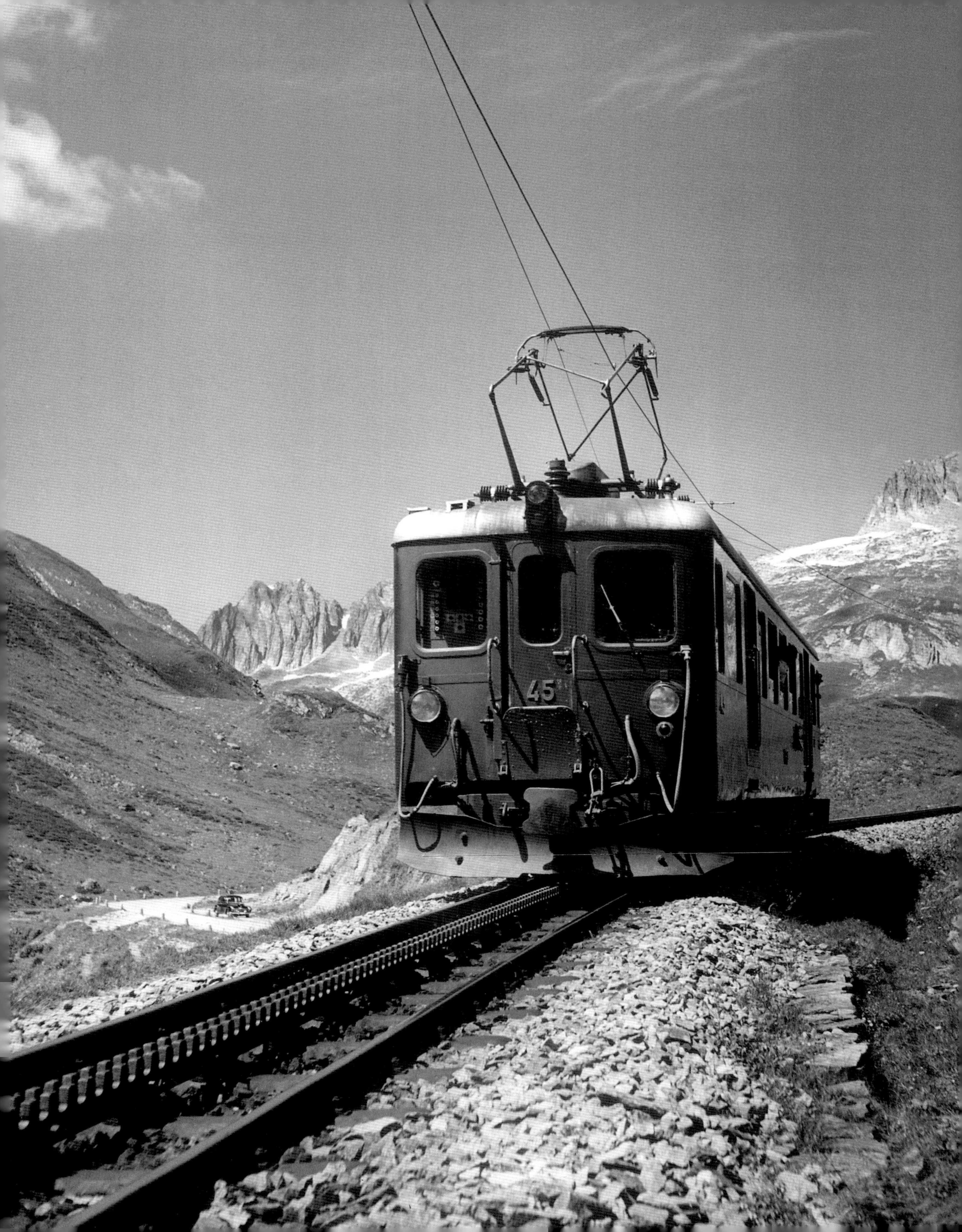
45

Tschamut ist das erste Dorf am Rhein und wird mit einer eigenen Haltestelle bedient. Zur Dampfzeit mussten die Lokomotiven hier Wasser fassen. Da die 110-Promille-Rampe nur durch eine kurze Horizontale unterbrochen wird, läuft die Zahnstange durch. Unterhalb des teilweise schneebedeckten Piz Badus auf dem oberen Bild liegt in einer Mulde der Lai da Tuma (Tomasee), der als Quelle des Rheins gilt.

Probefahrt mit der Dampfschneeschleuder Xrot 11 der Rhätischen Bahn. Die Aufnahme entstand im Mai 1926 beim Wasserfassen in Tschamut. Allerdings ist es in späteren Jahren nie zu Räumeinsätzen von RhB-Schleudermaschinen auf der Furka–Oberalp-Strecke gekommen.

Das Stationsgebäude von Sedrun wurde rund zehn Jahre später errichtet als die Hochbauten auf der Walliser Seite. Sein Stil gleicht eher demjenigen eines Engadiner Hauses und hat mit dem «französischen Stil» der alten Furka-Bahngesellschaft wenig gemeinsam (oben).

In den Jahren 1927 und 1928 beschaffte die FO zwei bezinmechanische Triebwagen BCm 2/2, die direkt mechanisch durch einen Bezinmotor angetrieben wurden. Sie sollten die frequenzarmen Züge im Goms und im Tujetsch während der Randstunden und im Winter führen und den schwerfälligen und teuren Betrieb mit Dampflokomotiven ersetzen. Eines dieser ungewöhnlichen Fahrzeuge ist hier in Sedrun fotografiert worden (unten).

Der Glacier Express mit typischer
Wagenformation in voller Fahrt
bei Sedrun, um 1950.

Oberhalb von Disentis eröffnet sich dem Reisenden der Blick ins Val Medel und Richtung Lukmanierpass. Am 22. August 1981 führt eine HGe 4/4 ihren Zug bergwärts Richtung Sedrun; im Hintergrund der Medelgletscher.

Nach jenem Einschnitt öffnet sich die Talmulde von Disentis. Zu dieser Gemeinde gehört auch das Dorf Segnas. Die HGe 4/4 Nr. 34 ist am 2. Juli 1982 Richtung Oberalppass unterwegs.

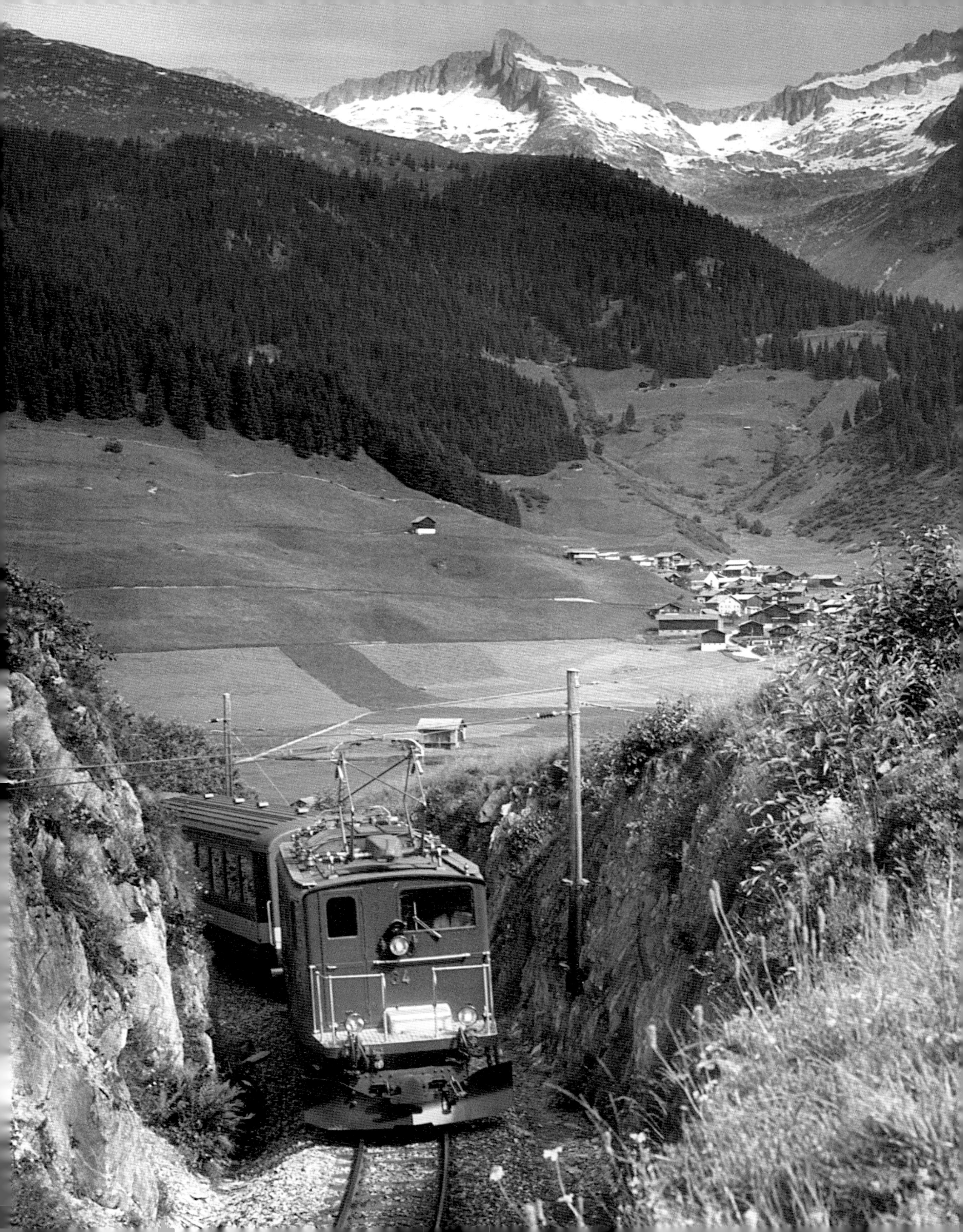

Im Sommer 1939 begann man angesichts des drohenden Kohlenmangels mit der Elektrifizierung der Furka–Oberalp-Bahn. Hölzerne Masten wurden in Handarbeit aufgestellt. Noch dampft bei Disentis ein Personenzug gegen den Oberalppass hinauf.

Diesen Blick auf das Dorf und das Benediktinerkloster von Disentis erleben Reisende, die vom Oberalp her ankommen. Der romanische Name für die Ortschaft heisst Mustér und ist von Monasterium (= Kloster) abgeleitet. Auf dieser Aufnahme von 1914 fährt gerade ein Dampfzug der Rhätischen Bahn ein.

Mit der Rhätischen Bahn durch Graubünden

Disentis–Chur–Filisur–St. Moritz
Von Disentis nach St. Moritz fährt der Glacier Express unter der Obhut der Rhätischen Bahn (RhB), der wohl berühmtesten Bahngesellschaft der Schweiz. In seiner Buchreihe «Bahnromantik» hat der AS Verlag schon drei Bildbände zu dieser Bahn veröffentlicht, weshalb dieser Abschnitt des Glacier Express im Verhältnis zu den oben beschriebenen Kapiteln etwas kürzer ausfällt.

Die Reise führt zuerst weiter talabwärts entlang dem jungen Vorderrhein. Dabei passiert der Zug schmucke Dörfer mit klangvollen romanischen Namen wie Sumvitg-Cumpadials, Trun oder Tavanasa-Breil, bevor er in Ilanz, der «ersten Stadt am Rhein», anhält. Die Surselva, wie dieses Tal genannt wird, liegt oberhalb des Waldes (sur = oben, Selva = Wald), und mit diesem «Wald» ist der berühmte Canyon, das grösste Bergsturzgebiet Europas, nämlich die Rheinschlucht, gemeint, die der Zug nach Ilanz durchfahren wird. Dieser Streckenabschnitt mit Blick auf die blanken, ausgewaschenen Felsen ist sicher einer der Höhepunkte einer jeden Reise mit dem Glacier Express.

Bei Reichenau-Tamins vereinigen sich Vorder- und Hinterrhein. Auch der Schienenstrang mündet hier in die Albulalinie ein, die der Glacier Express nach einem kurzen Umweg über Chur rund eine halbe Stunde später wieder befahren wird. Chur, die Hauptstadt Graubündens, ist ein Eisenbahnknotenpunkt und Endstation der normalspurigen SBB. Die Züge der Bundesbahnen sichern den Anschluss nach Zürich, zum Flughafen oder nach Deutschland und Frankreich. Nachdem die Wagen des Glacier Express von der Lokomotive an den Albulaschnellzug beigestellt sind, geht die Fahrt in umgekehrter Richtung zurück nach Reichenau-Tamins. Hier wird Kurs Richtung Süden genommen: durch das Domleschg den Hinterrhein entlang nach Thusis, wo die eigentliche Bergstrecke der Albulabahn beginnt.

Das Albulatal ist in vier landschaftlich völlig unterschiedliche Abschnitte gegliedert, die dem Reisenden ein Maximum an Eindrücken vermitteln. Der erste Teil ist die Schynschlucht. Dreizehn Tunnels und zahlreiche Brücken wurden gebaut, um den Schienenstrang durch das enge Tal zu führen und schliesslich bei der karolingischen Kirche von Mistail bei Tiefencastel in die sanfte Mulde des mittleren Albulatals zu münden. Nach den Dörfern Surava und Alvaneu Bad folgt dann das wohl berühmteste Brückenbauwerk: der in einer Kurve gelegene und direkt in den Tunnel mündende Landwasserviadukt. Nach Filisur steigt das am Hang liegende Bahntrassee stetig an, während die Albula tief unten im Niemandsland dahinfliesst. Der Felsriegel des Bergünersteins markiert wieder eine Änderung der Szenerie. Bergün, Passfuss und Ferienort, liegt in einem Talbecken und ist bei Eisenbahnfreunden wegen der anschliessenden spektakulären Linienführung mit Kehrtunnels und Brücken bekannt. Der Weg des Gleises musste im steilen Tal hinauf nach Preda auf fast das Doppelte verlängert werden, um die maximale Steigung von 35 Promille einhalten zu können.

Der Albulatunnel auf 1820 Meter über Meer ist der höchste Alpendurchstich und führt ins Val Bever, ein Seitental des Engadins. Nach einem kurzen Abstieg mündet der Zug beim gleichnamigen Dorf ins eigentliche Engadin ein. Auf der Fahrt über Samedan und Celerina funkeln dem Reisenden die Eisriesen des Berninamassivs entgegen. Doch die Gebirgsbahn hat noch nicht genug: Vor der Endstation muss nochmals kräftig an Höhenmetern gewonnen werden. Dann folgt die Charnadüraschlucht, die in zwei Tunnels umfahren wird, bevor der Glacier Express neben dem lieblichen See und vor der Hotelkulisse des weltbekannten Touristenortes St. Moritz anhält und seine Gäste aussteigen lässt.

Von 1912 bis 1926 war Disentis Endbahnhof; ein Zug steht Richtung Chur abfahrbereit. Beachtenswert ist die grosse Schlusslaterne mit der roten Scheibe am Wagen. Die Furka–Oberalp-Bahn ist noch nicht in Betrieb – links wartet der Anschlusskurs Richtung Sedrun mit «1-PS-Motor».

Die Gleisanlagen des Bahnhofs Disentis/Mustér vor seinem grossen Umbau, Blick vom Zementsiloturm Richtung Westen, aufgenommen am 29. Oktober 1982. Im Bahnhof stehen von rechts nach links: Stationstraktor mit gedeckten Güterwagen an der Rampe, eine Personenwagengruppe der Furka–Oberalp-Bahn, die Ge 4/4 I mit dem Glacier Express und ganz links ein Personenwagen der Rhätischen Bahn.

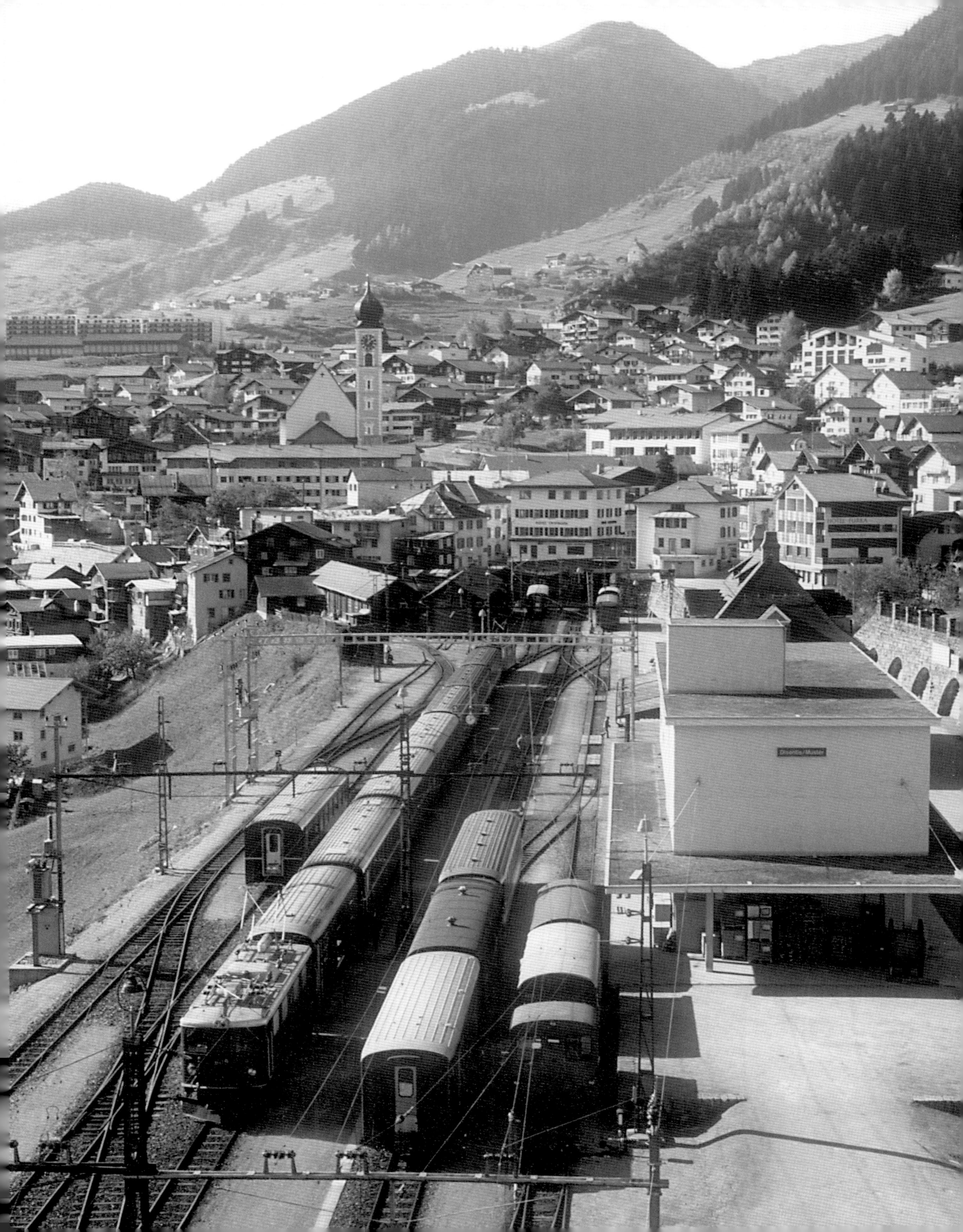

Typische Komposition der RhB um 1950 unterhalb von Disentis. Zuglokomotive ist die neue Ge 4/4 I Nr. 602, gefolgt von den in Disentis beigestellten RhB-Wagen (je ein zweiachsiger Post- und Gepäckwagen, zwei vierachsige Personenwagen mit offenen Plattformen) und den drei Glacier-Express-Wagen (Speise- und Personenwagen mit geschlossenen Wagenübergängen der RhB sowie FO-Wagen mit offenen Plattformen).

Seltenes Stelldichein von drei RhB-Krokodilen vom Typ Ge 6/ I vor der Kulisse des Klosters Disentis. Das Trio kehrt am 15. November 1984 von der Brückenbelastungsprobe im nahe gelegenen Val Sogn Placi zurück. Ein Brückenneubau wurde dort nötig, nachdem im Februar des gleichen Jahres das alte Bauwerk von einer Lawine zerstört worden war.

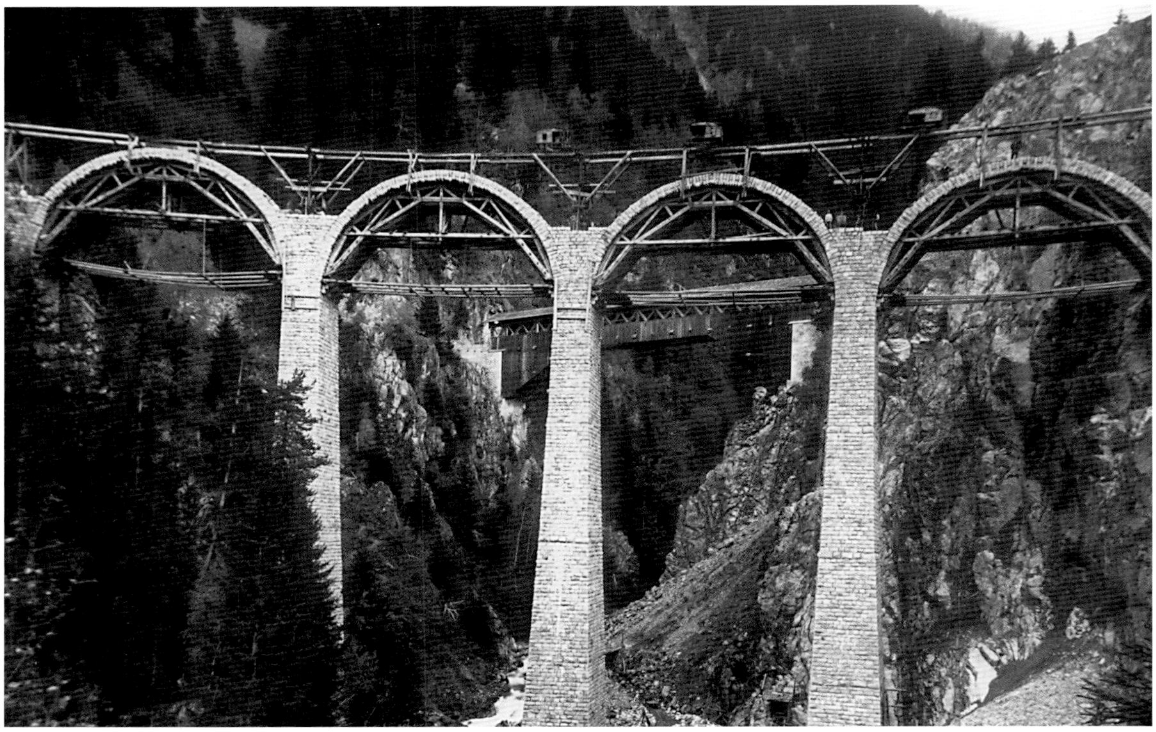

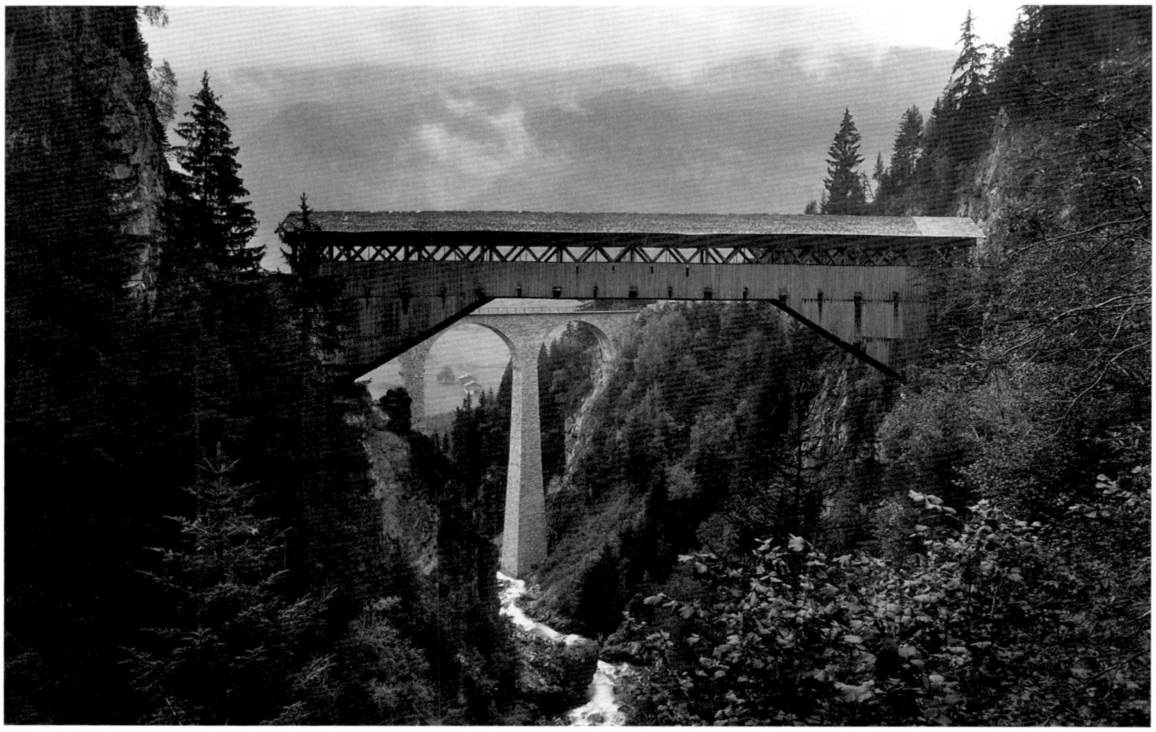

Dreimal Val Russein mit drei Brücken. Die tiefe Rinne zwischen Disentis und Sumvitg-Cumpadials wurde vor dem Bahnbau nur von einer gedeckten Holzbrücke für den Fahrweg gequert (links unten). In den Jahren 1910/11 folgte der Bau des gemauerten Bogenviadukts für die Bahn. Speziell sind die Rollkräne, die auf Schienen über den Mauerbogen laufen (links oben). Als im Jahr 1944 der BCe 4/4 mit den neuen roten Wagen eine Fotofahrt auf dieser Strecke absolvierte, war auch die Eisenbetonbogenbrücke für die Strasse bereits in Betrieb (oben).

Ilanz, die «erste Stadt am Rhein»; vorne fährt am 29. Juni 1970 die Ge 4/6 Nr. 351 Richtung Disentis (oben). In Trun hält am 17. Februar 1981 der GmP (Güterzug mit Personenbeförderung), gezogen von der Ge 4/6 Nr. 355. Solche gemischten Züge waren vor Einführung des Taktfahrplans auf dem RhB-Netz oft anzutreffen. Meistens verkehrten sie in grossen Fahrplanlücken und boten so noch eine zusätzliche Verbindung innerhalb der Talschaft.

Im Jahr 1922 wurde auch auf der Strecke von Reichenau-Tamins nach Disentis der elektrische Betrieb eingeführt. Die Linie wurde allerdings bei der Subventionierung der Aufwendungen durch den Bund nur als zweitrangig eingestuft. Die RhB baute deshalb die Fahrleitungsanlagen hier im Gegensatz zur Albulalinie nur mit billigen und einfachen Auslegern. Bei diesem Zug, gezogen von der GE 2/4 Nr. 202, handelt es sich um die Kollaudationsfahrt (Abnahmefahrt durch ein Expertenteam), die Aufnahme entstand unterhalb von Trun.

Nach dem Zweiten Weltkrieg beauftragte die Rhätische Bahn Berufsfotografen, die Bahn mit dem modernsten Rollmaterial auf verschiedenen Strecken zu fotografieren, um Aufnahmen für Werbezwecke zur Verfügung zu haben. Dazu stellte die Bahn Extrazüge zur Verfügung, die mit Schulkindern als Statisten belebt wurden. Der «Fliegende Rätier» (Triebwagen von 1939 mit passenden Anhängewagen) durchfährt hier die imposante Rheinschlucht bei Versam-Safien. In der Rheinschlucht bei Versam-Safien eilt die Ge 4/4 I Nr. 606 an den kahlen Felswänden vorüber.

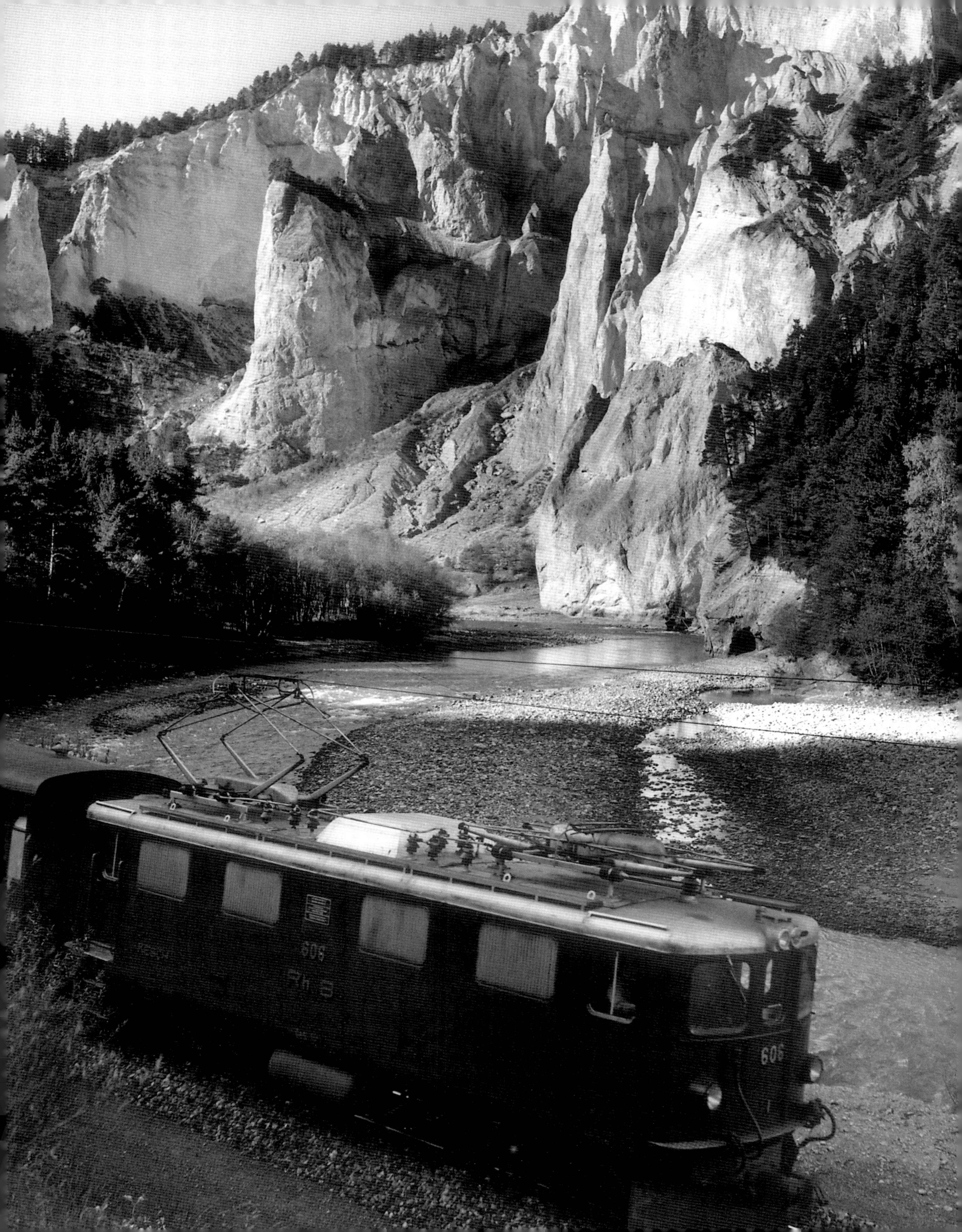
606

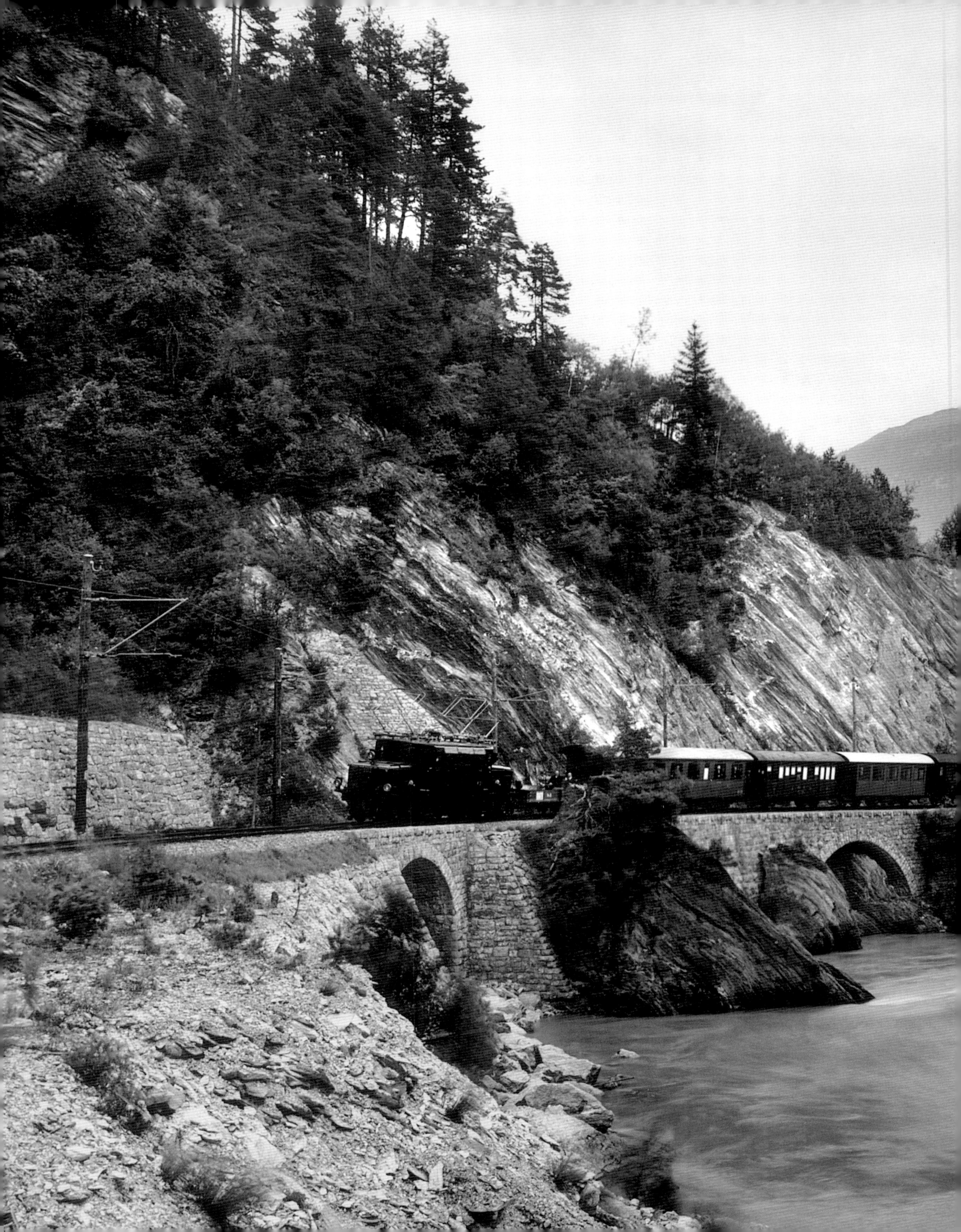

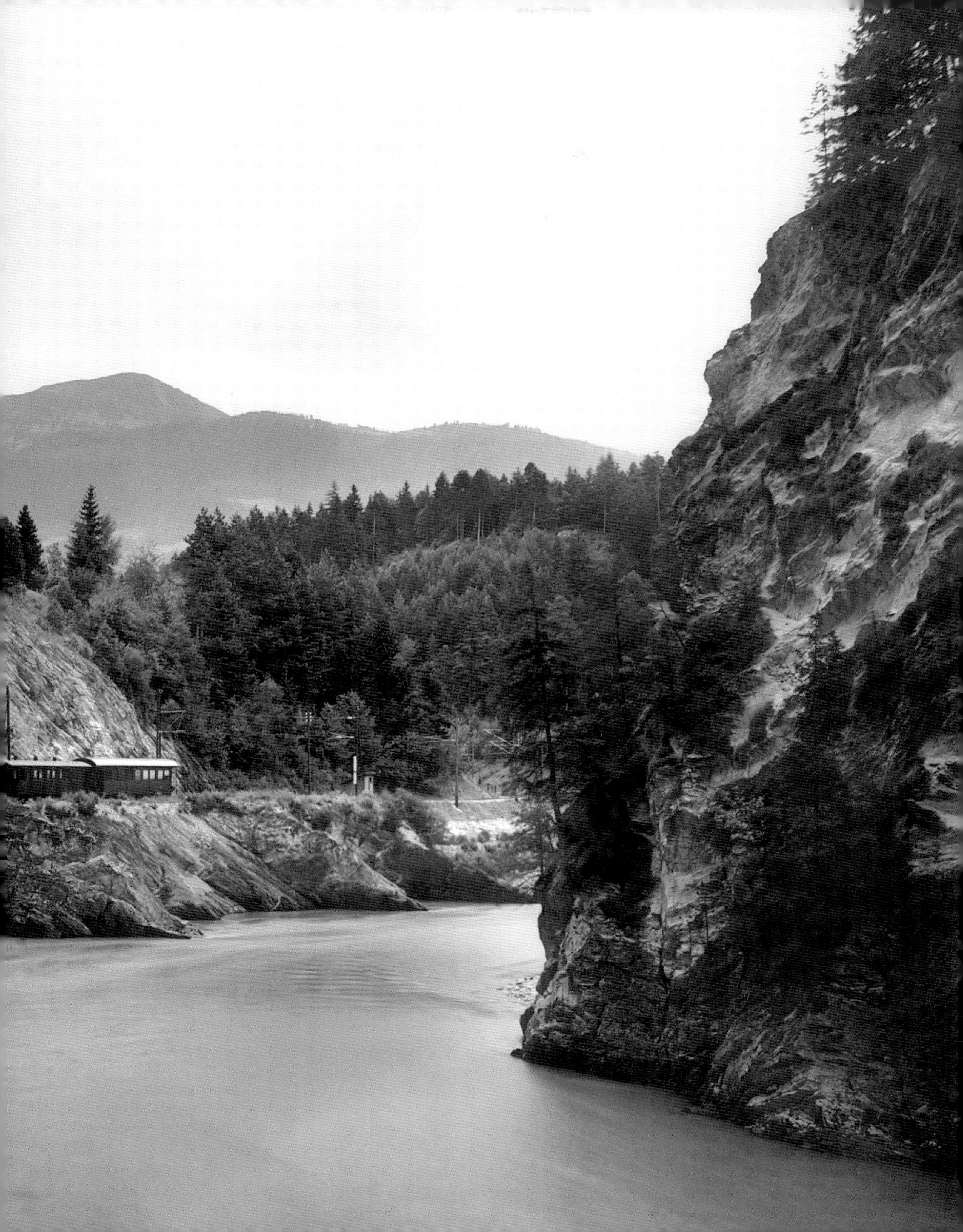

Vorangehende Doppelseite: Diese Stelle beim Wackenauer Sporn zwischen Reichenau-Tamins und Trin war schon früher ein beliebtes Fotosujet. Die Aufnahme wurde vom BBC-Fotografen gemacht, der das neueste Produkt aus seinem Hause in markanter Umgebung ablichtete.

Die Flusslandschaft bei Reichenau-Tamins mit der Vereinigung von Vorder- und Hinterrhein ist auch zu einer Brückenlandschaft geworden. Filigrane Eisenbrücken spannen sich für Bahn und Strasse über die beiden Rheinarme. Im Bild links steht der Fotograf auf der Strassenbrücke (die Brücke im Vordergrund auf dem rechten Bild) und wartet auf den Güterzug mit der Ge% I. Bei der Winteraufnahme rechts reicht der Blick bis zum Kirchturm von Bonaduz.

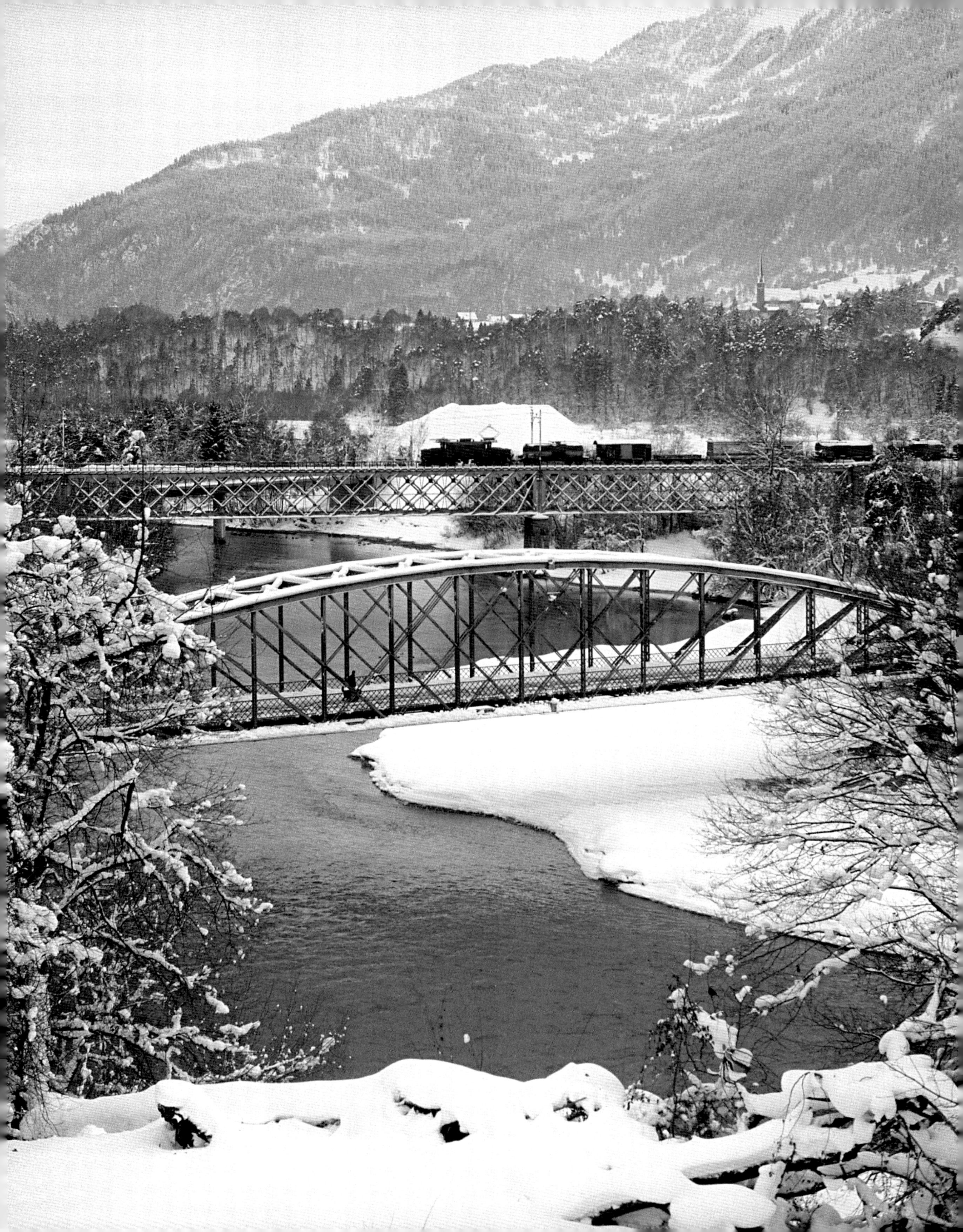

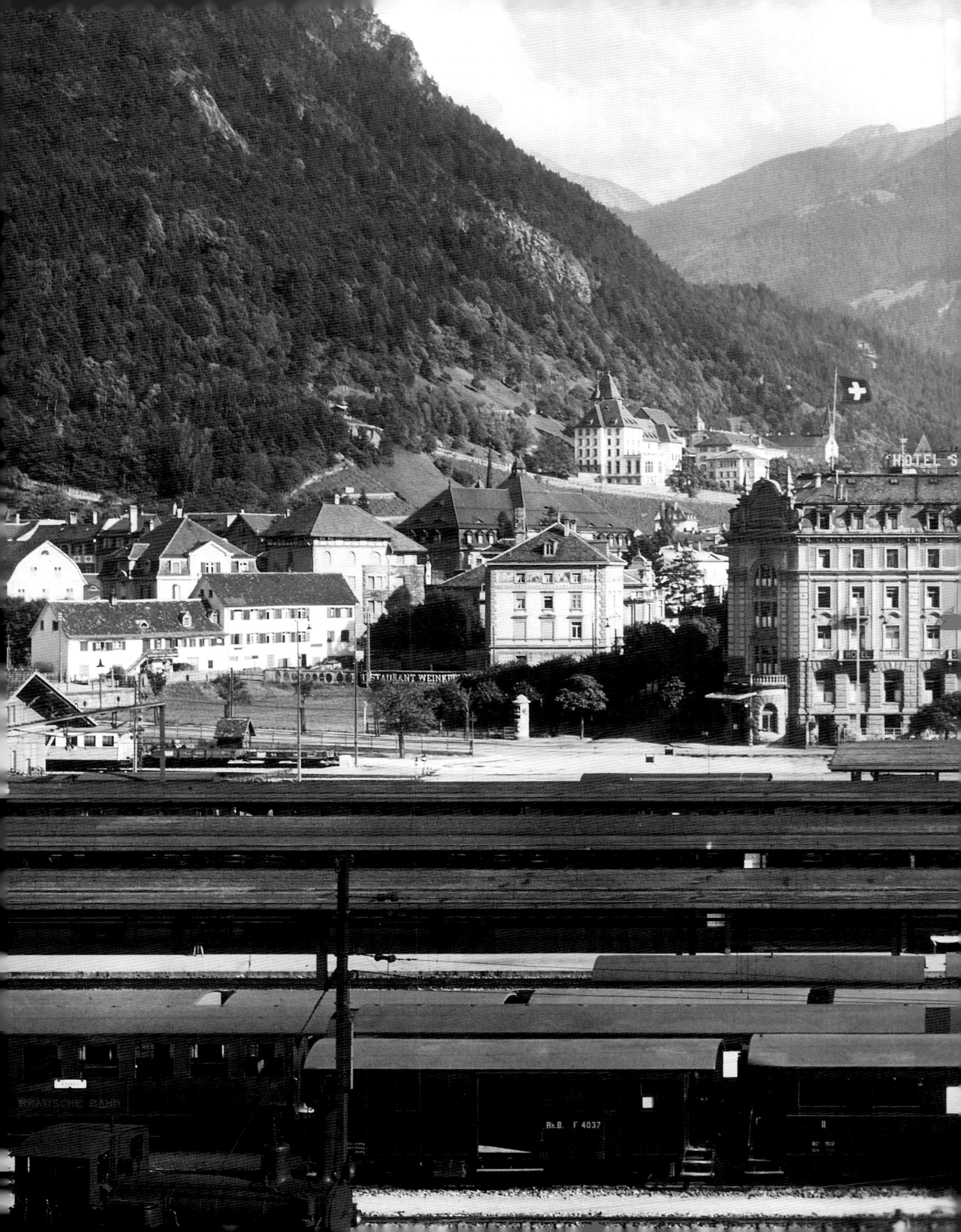
HOTEL
Rh.B. F 4037

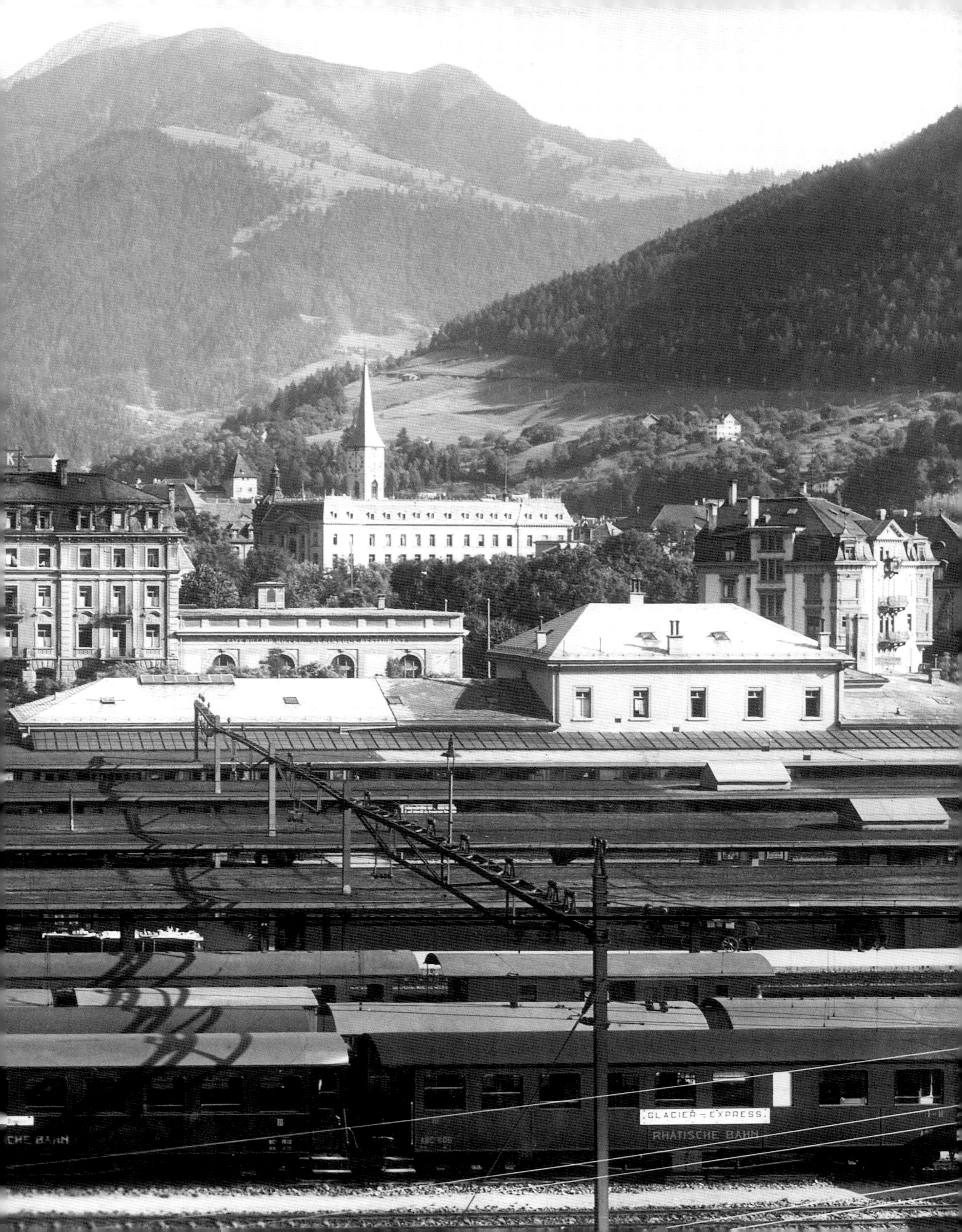
GLACIER - EXPRESS
RHÄTISCHE BAHN
CHE BAHN

Vorangehende Doppelseite: Chur in den 1930er-Jahren. Angeschnitten im Vordergrund rangiert eine normalspurige Dampflokomotive der SBB-Hauptwerkstätte. In der ersten Wagenreihe steht eine Komposition als Glacier Express bereit. Der Bahnhofplatz hinten ist völlig leer. Lediglich ganz links schaut hinter dem Güterschuppen ein Wagen der damals noch selbständigen Arosabahn hervor.

Zurück nach Reichenau-Tamins: Wo sich Vorder- und Hinterrhein vereinigen, laufen bei der Dienststation Farsch auch die Oberländer- und die Albulalinie zusammen. Ein Zug aus Disentis mit der Ge 6/6 II Nr. 702 befährt am 30. Oktober 1986 gerade die Spaltungsweiche.

Die Ge 6/6 II Nr. 704 ist kurz nach
ihrer Ablieferung im Jahr 1965
mit einem Schnellzug beim Schloss
Rhäzüns unterwegs.

Die Solisbrücke über die Schynschlucht gilt mit fast 90 Meter Höhe als höchster Talübergang im Netz der Rhätischen Bahn. Eine Ge% I führt ihren Schnellzug mit Mitropa-Speisewagen Richtung Chur.

Die Burgruine Campi bewacht nach Thusis den Eingang zur Schynschlucht. Die Serie der sieben Ge% II schleppte in den Siebziger- und Achtzigerjahren die meisten Schnellzüge auf der Albulalinie. Hier fährt die Nr. 702 Richtung St. Moritz.

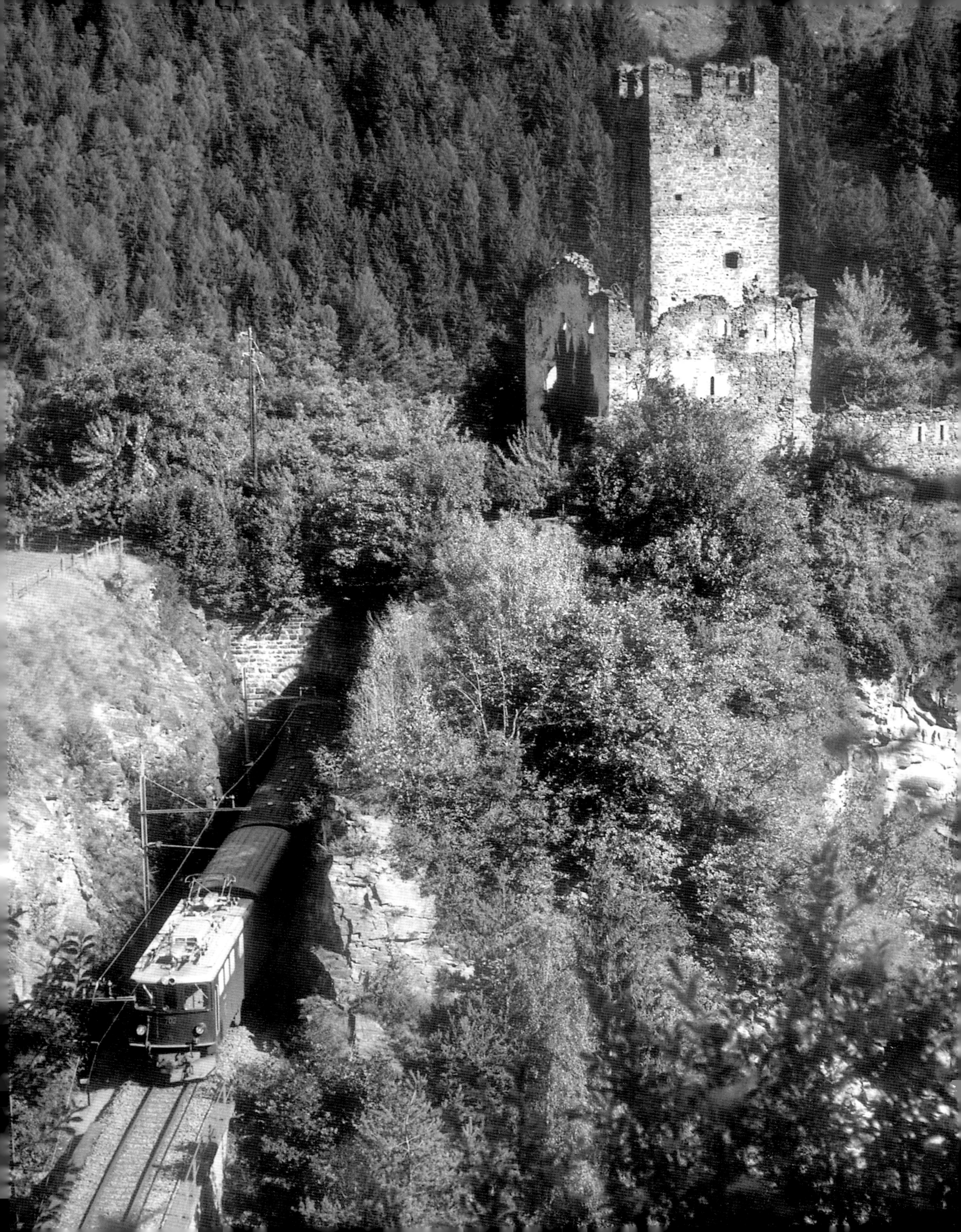

St. Peter in Mistail bei Tiefencastel gilt als ältestes Kirchenbauwerk der Schweiz und wurde im Jahr 824 erstmals erwähnt. Gerade 1100 Jahre jünger als die karolingische Dreiapsidenkirche ist das Krokodil 412 der Rhätischen Bahn (oben).

Tiefencastel mit seiner markanten Barockkirche ist Halteort des Glacier Express. Die noch in ihrem ursprünglichen Aussehen verkehrende Ge 4/4 I Nr. 601 hat gerade den Bahnhof verlassen (unten).

Rechte Seite: Ein stilreiner Schnellzug Ge 6/6 II mit Einheitswagen I befährt den berühmten Landwasserviadukt vor Filisur. Alle Fahrzeuge sind um 1965 in Betrieb genommen worden.

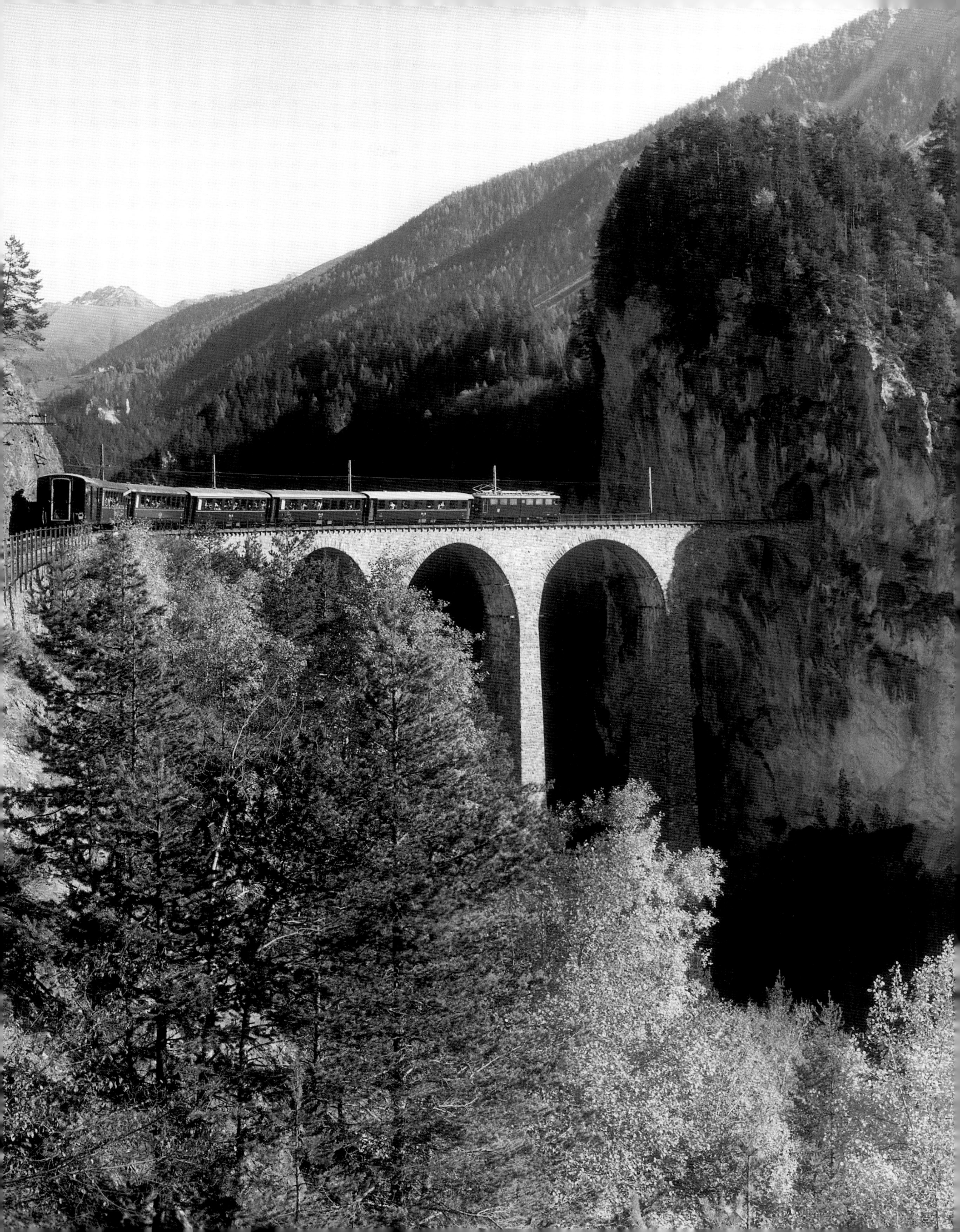

Grossartige Szenerie in der Gegend des Landwasserviadukts. Der talwärts fahrende Personenzug ist mit gedeckten Güterwagen ausgelastet und befährt nach dem Landwasserviadukt und dem Zalainttunnel die Schmittenertobelbrücke. Die Fahrleitungsträger sind um 1925 noch an Holzmasten befestigt.

Das wohl bekannteste Brückenbauwerk auf der gesamten Glacier-Express-Route aus einer ungewohnten Perspektive. Der Landwasserviadukt ist rund 65 Meter hoch und in einer Kurve von 100 Meter Radius gebaut.

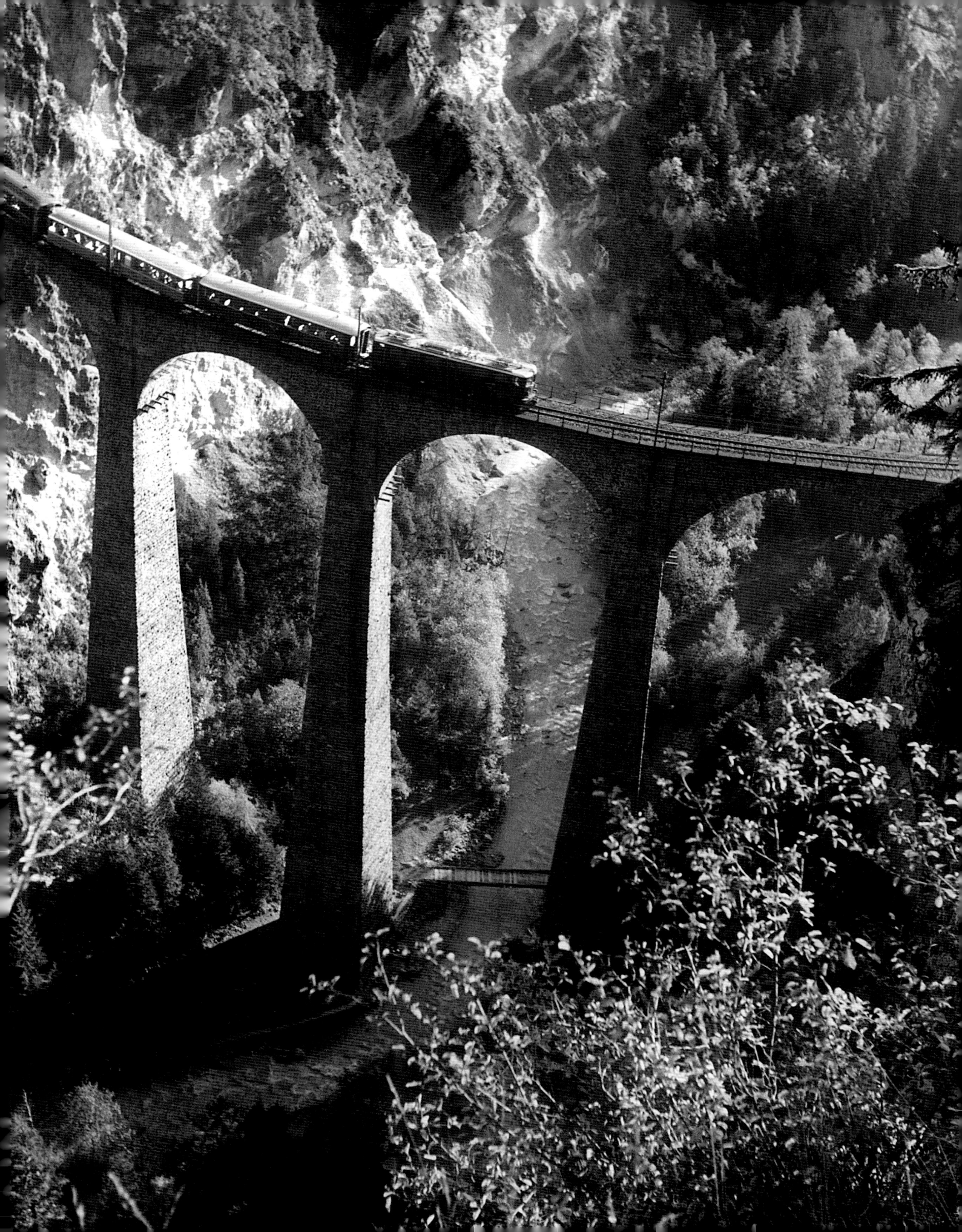

Blick auf Bergün über den Triebwagen BCe 4/4 hinweg. Er befährt gerade das mittlere Schleifenstück oberhalb des Dorfes.

Ein Schnellzug fährt um 1950 von Bergün Richtung Albulatunnel. Der Zug ist bunt zusammengewürfelt: an der Spitze eine grüne Ge 4/4 I, gefolgt von einem Salonwagen, einem Wagen schwerer Bauart sowie einem damals noch neuen Mitteleinstiegswagen, alle in den Farben Creme und Grün. Am Schluss sind noch ein grüner Gepäckwagen und ein roter Mitteleinstiegswagen vom Typ «Fliegender Rätier» angehängt.

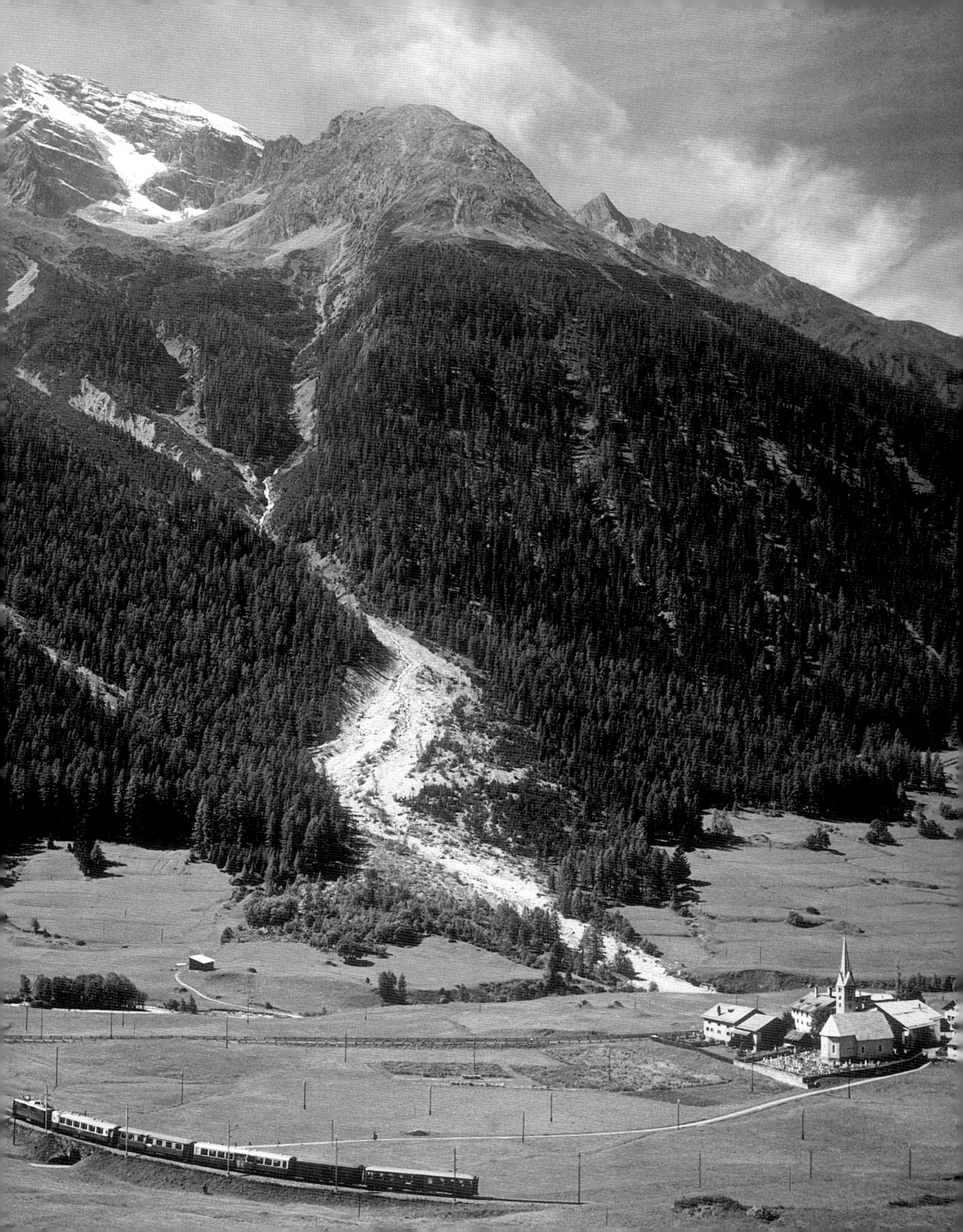

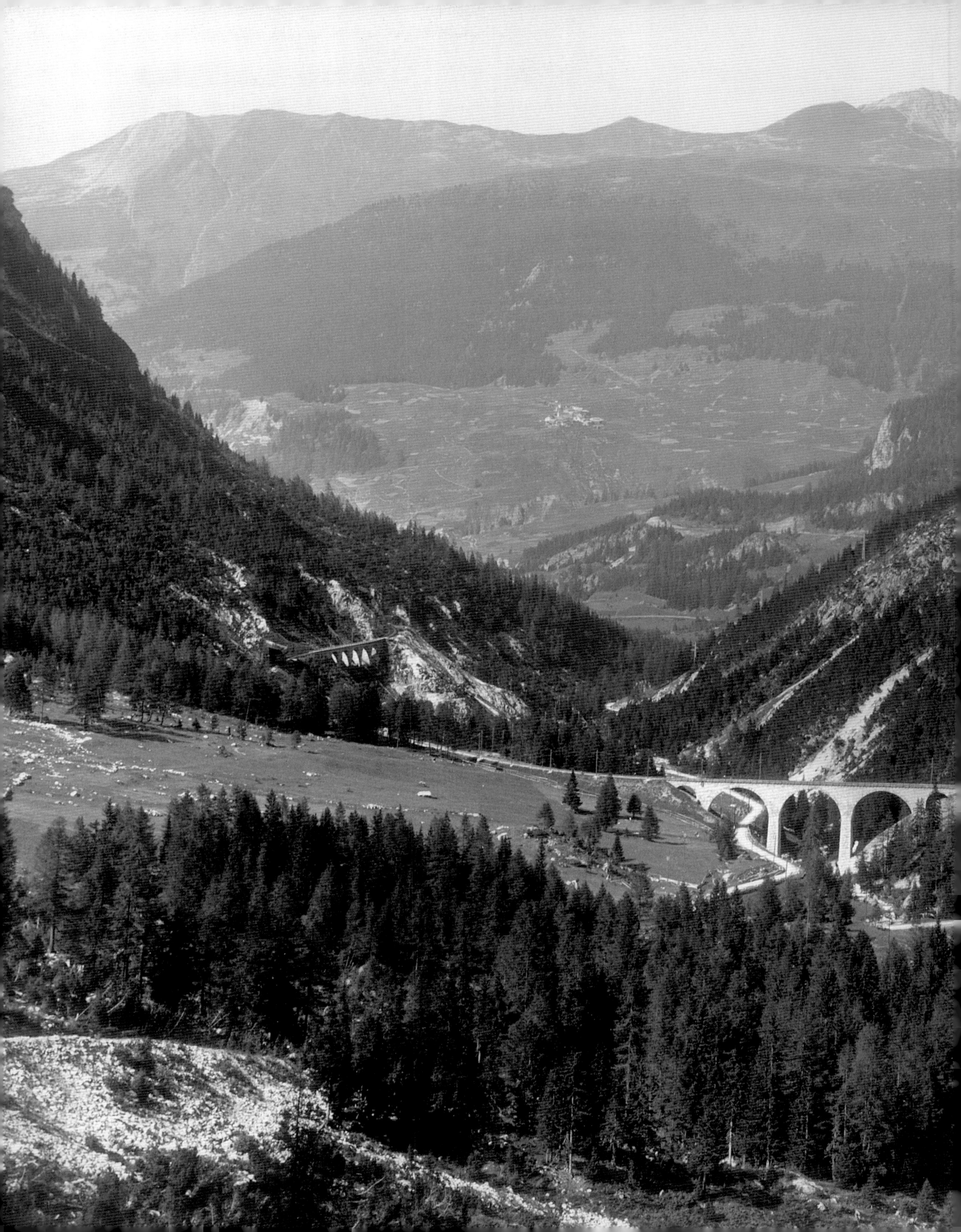

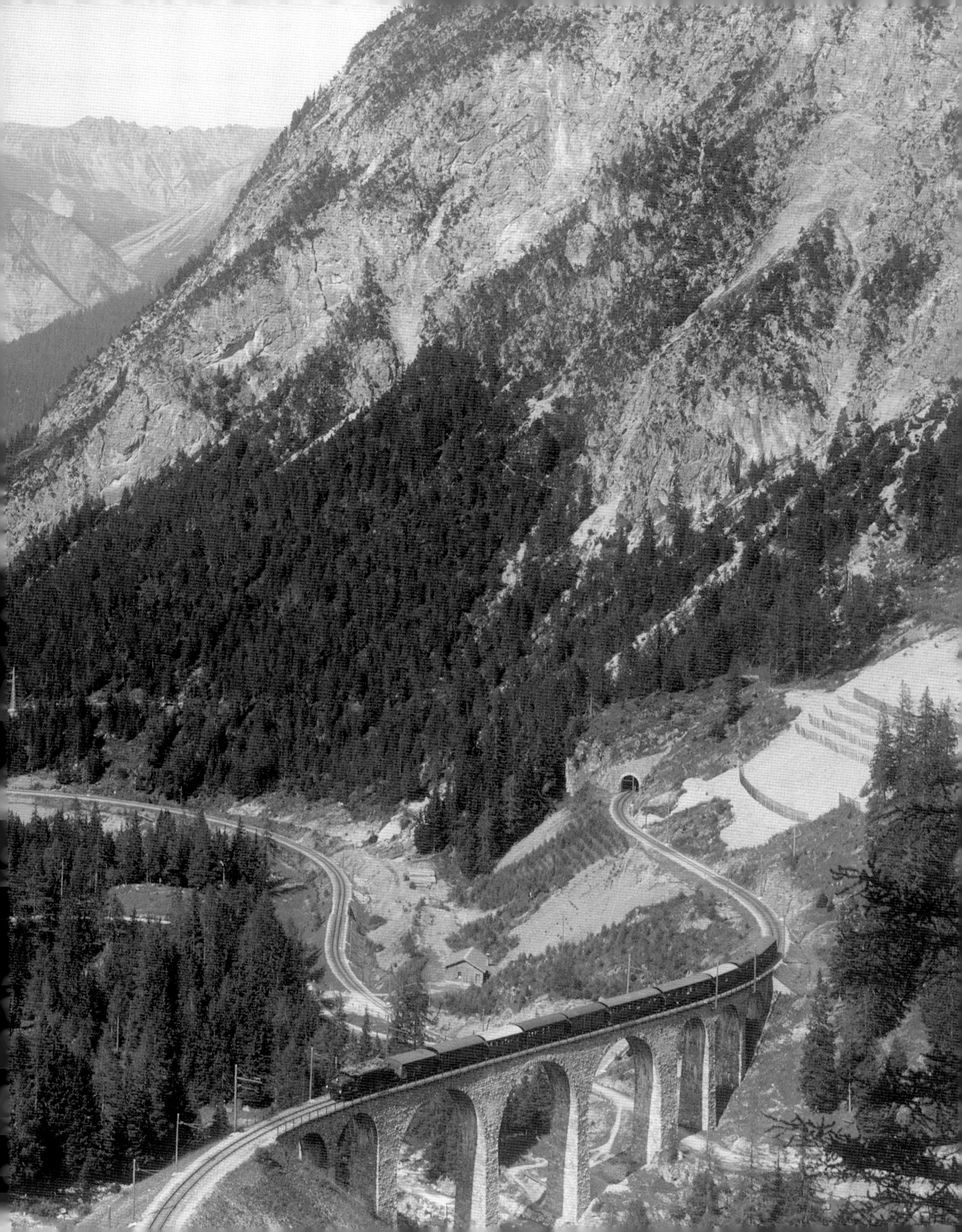

Vorangehende Doppelseite: Verwirrende Schleifenfahrt mit Kehrtunnels und Brücken zwischen der Ausweichstelle Muot und Preda. Die Linie kommt im linken Bildteil vom Rugnux-Kehrtunnel her, passiert den gleichnamigen Lehnenviadukt, um mit dem Albulaviadukt II die Talseite zu wechseln. Das Gleis führt danach unter den Albulaviadukt III, wo sich das untere Portal des Toua-Kehrtunnels befindet (nicht sichtbar). Der Zug mit der Ge⅚ I und zahlreichen Plattformwagen hat im Jahr 1921 gerade diesen Tunnel verlassen und wechselt wieder auf die linke Talseite.

Der leere Schlittelzug mit der Ge⅚ Nr. 353 an der Spitze hat am 26. Januar 1986 die Bergsiedlung Preda verlassen. Darüber der Doppelgipfel der Dschimels (Zwillinge) und links der Piz da las Blais. Am Fuss dieser Berge führt das Tal zur Albulapasshöhe.

Die Station Preda liegt am Nordportal des Albulatunnels. Ein Schnellzug mit Salon- und Speisewagen an der Spitze durchfährt die Station an diesem trüben 25. April 1982.

Spinas heisst die Station am Südportal des Albulatunnels im Val Bever. Am 20. August 1985 macht hier ein seltenes Gespann Station: Die kleine Ge 2/4 Nr. 221 kehrt von einem Arbeitszugeinsatz auf der Nordseite vor der Ge 6/6 I Nr. 407 ins Depot Samedan zurück (oben).

Samedan ist der Hauptort des Oberengadins. Der schlanke Kirchturm überragt zahlreiche schmucke Engadiner Häuser, die das Dorf zu einem beliebten Ausflugsziel machen. In Samedan zweigt die Linie nach Pontresina ab, die im Februar 1982 von der Ge 4/6 Nr. 353 befahren wird (unten).

Am frühen Morgen eilt ein
«Krokodil» vor einer Doppel-
lokomotive von Samedan
Richtung Celerina.

Blick auf den Bahnhof von St. Moritz und Richtung St. Moritz Bad. Der linke Teil des Bahnhofs wird von der mit Gleichstrom betriebenen Berninabahn befahren. Der Glacier Express, der über die mit 11 Kilovolt/16 ⅔ Hertz betriebene Stammnetzstrecke nach St. Moritz kommt, endet (oder beginnt) hingegen im rechten Bahnhofsteil auf Gleis 1 oder 2. Die Aufnahme stammt vom 11. Oktober 1990.

St. Moritz mit seinem idyllischen See
ist Endstation des Glacier Express.
Über den abgestellten Wagen
die Hotels mit den besten Namen
in einer Aufnahme aus der Vor-
kriegszeit.

Bildnachweis

Herausgeber und Verlag bedanken sich bei den Bildarchiven, insbesondere bei Helmut Biner, der uns die Bildvorlagen aus dem Bildarchiv der Matterhorn Gotthard Bahn zur Verfügung stellte, und bei Beat Moser, der uns tatkräftig unterstützte.

Archiv MGB, Brig: Umschlagvorderseite (Klopfenstein), S. 6 (Kettel), 18/19, 20, 21, 22, 23, 24 (Perren), 25 (Klopfenstein), 26–27 (Sager), 28–29 (Klopfenstein), 30/31, 31 unten, 32, 33, 37, 38/39, 41 (Klopfenstein), 43 (Klopfenstein), 45 (Klopfenstein), 46 (Schneiter), 47, 48, 49 (Sager), 51, 53 (Klopfenstein), 60 (Sager), 61 (Klopfenstein), 65 (Sager), 66 (Klopfenstein), 67 (Gaberell), 68 unten (Schneiter), 69 (Schneiter), 71 (Jeck), 72, 73 (Schneiter), 74/75 (Klopfenstein), 78, 79 (Klopfenstein), 80–83 (Schneiter), 85, 87, 88, 89, 90–91 (Gaberell), 93 (Haemisegger), 94 oben (Gaberell), 94 unten, 95, 96 (Klopfenstein), 97, 98 oben (Gaberell), 98 unten, 99–101 (Haemisegger), 104–107 (Haemisegger), 108 unten (Haemisegger), 109 (Schneiter), 110/111 (Haemisegger), 112 (Kettel), 113–114 (Haemisegger), 115, 116 (Schneiter), 118, 119 (Haemisegger), 122, 123, 126

Archiv RhB, Chur: S. 130, 131, 133, 134, 135–137, 144, 145, 146 unten, 147, 148 (Meerkämper), 149, 150 (Giegel), 151, 152/153 (Meerkämper)

Sammlung Hugo Hürlimann, Richterswil: S. 36 oben (Mäder), 40, 44, 50, 52 (MFO), 59, 62 (Gaberell), 84 (Haemisegger), 102/103 (Haemisegger), 108 oben (Gaberell)

Tibert Keller, Trin: S. 36 unten, 68 oben, 120, 121, 127, 129, 132 unten, 138, 139, 142, 154, 155, 157, 158

Sammlung Peter Pfeiffer, Ennetturgi: S. 42 (Pfeiffer), 56 (SVEA), 57 (Wieland), 58 (SVEA), 63 (SVEA), 64 (SVEA), 70 (Pfeiffer), 86 (SVEA), 92, 117, 128 (Trüb), 132 oben, 140/141, 143, 146 oben (Pfeiffer), 156 (Pfeiffer), 159

In Fällen, in denen eine Benachrichtigung der Rechteinhaber nicht möglich war, bittet der Verlag die Inhaber des Copyrights um Mitteilung.